Barbara Schaefer

Italien

Barbara Schaefer

Italien

Von Venedig nach Rom

Brigitte Buch
im
Diana Verlag

Die Kunst, das Leben zu genießen: die Fahrrad-Stadt Ferrara, die Delikatessen von Parma, die salzigen, heilsamen Wasser von Montecatini Terme

Plätze voller Tradition und Magie: die Kirchen von Assisi, die Keramikmalerin Novella Nicolini in Deruta und der verwunschene Park der Monster in Bomarzo

Barbara Schaefer kreuzte auf ihrer Reise nicht nur die legendäre Route Goethes, sondern auch die ihrer früheren Italien-Touren

Eine italienische Reise

Palladio und Pasta, Geschichte und Genuss: eine Kulturroute von Venedig nach Rom

Von Barbara Schaefer

Ich war zehn Jahre alt, als ich das erste Mal das Meer sah, von einem italienischen Strand aus. Wir waren zu sechst im Kadett an die Adria gefahren, Eltern, Uroma und drei Kinder. Die Uroma und den kleinen Bruder verloren wir eines Tages auf dem Rückweg vom Meer im Pinienhain. Freundliche Carabinieri brachten die beiden zurück ins Hotel.

Ich liebe Italien, seit ich denken kann. Natürlich gefielen mir das Eis, der Sandstrand, und dass ich so lange aufbleiben durfte wie die einheimischen Kinder. Aber ich trottete auch, ohne zu murren, den Eltern in alle Kirchen hinterher, hörte zu, wenn sie von der Geschichte erzählten oder uns ein Bild zeigten.

Ein anderes Mal fuhren wir kreuz und quer durch Italien bis nach Rom. Ich war 15 Jahre alt, las Goethes »Italienische Reise« und war trunken von Arkadien-Sehnsucht. Und dann wurde uns in Rom das Auto aufgebrochen. Barbaren! Nichts passte mehr zusammen, ein Riss ging durch die Welt. Ich war zu jung, zu verträumt und zu gekränkt, um zu verstehen, dass genau dies die Faszination des Reisens ist: die Bilder im Kopf, die wir von einem Land haben, mit der Realität abzugleichen.

Seit ich eigenmächtig reise, gab es kein Jahr, in dem ich nicht in Italien war. Ich fuhr über den Brenner, hielt dort beim langen nächtlichen Halt des Zuges den Kopf aus dem Fenster und freute mich.

Für dieses Buch sind die Fotografin Anika Büssemeier und ich mit dem Auto gefahren, von Venedig nach Rom. Uns interessierte außer der überwältigenden Kulturgeschichte immer auch das Italien der Gegenwart

HINKOMMEN

Auf den schönsten Wegen zum Ziel: Die exakten Routenbeschreibungen finden Sie in diesem Buch immer in den Randspalten

– und ein täglicher Teller Pasta. Schon Goethe war zwar darauf fixiert, die Spuren der Antike aus dem neuen Italien herauszuklauben, doch er begeisterte sich daran, »immer wieder unter neue Menschen« zu kommen: »Man muss das Volk nur untereinander reden hören, was das für ein lebendiges Bild des ganzen Landes gibt.« Italien macht es Reisenden schwer, allein wegen seiner Fülle an Kunst. Hinzu kommen kulinarische Genüsse und Tausende von Altstadtgassen, durch die man stromern möchte. Weil all dies nie zu schaffen ist, haben wir unsere Tour in zehn Etappen gegliedert, jede hat ein anderes Thema, alle zusammen ergeben als Mosaik ein Bild – wie das berühmteste Mosaik Italiens, ein aus drei Millionen Steinchen zusammengesetztes Bild der Alexanderschlacht. Es befindet sich in Pompeji, da waren wir diesmal nicht, denn Italien südlich von Rom würde genug Stoff für ein eigenes Buch ergeben.

Jeder Tag wie ein Mosaikstein für das große Bild am Ende: Italien

Die von mir sehr geschätzte Kollegin Petra Reski lebt seit 15 Jahren in Venedig, sie schreibt im ersten Kapitel über die Schwierigkeiten, Galerien in einer Stadt zu betreiben, in der »die Kunst über Jahrhunderte so natürlich gewachsen ist wie Unkraut zwischen den Mauerritzen«. Unsere Tour führte weiter zur Renaissance in Venetien, auf Schlemmerwegen und manchmal verschlungenen Pfaden zur antiken Hauptstadt der Welt. »Morgen Abend also in Rom. Ich glaube es noch jetzt kaum, und wenn dieser Wunsch erfüllt ist, was soll ich mir nachher wünschen?« Goethe verlor fast die Fassung angesichts der Tatsache, dass er kurz davor stand, »den einen Gedanken auszuführen, der fast zu alt in meiner Seele geworden ist«.

Wir haben diese italienische Reise unternommen, um Ihnen davon zu erzählen, in Bildern und Worten. Wir hatten eine glückliche Zeit. Und freuen uns, wenn Sie uns auf dieser Kulturtour folgen – lesend oder reisend.

€€€

Hinter jeder Hotel-Adresse finden Sie ein Euro-Symbol für die Preiskategorie (DZ/F): **€:** bis 80 Euro; **€€:** bis 120 Euro; **€€€:** über 120 Euro

Die Kanäle sind die Verkehrsadern Venedigs.
Rechts: Ein Gemälde auf dem Weg zur Vernissage – natürlich wasserdicht verpackt

Venedig

Die Kunst, zu verkaufen

Palazzi, Fresken, Mosaiken, Statuen: Diese Stadt ist ein einziges Museum. Und dann die Galerien ... Wer Kunst mit nach Hause nehmen möchte, kommt an drei Frauen nicht vorbei. Jede ist ein venezianisches Original

In einer Stadt wie Venedig ist es nicht leicht, Kunst zu verkaufen. Schließlich fallen den Betrachtern hier die Kunstwerke auf den Kopf, Kirchenfassaden quellen vor barocken Skulpturen über, und die Palazzi wissen nicht wohin mit ihren Tiepolo-Fresken und Goldmosaiken und Casanova-Statuen. In Venedig ist die Kunst über Jahrhunderte so natürlich gewachsen wie Unkraut zwischen den Mauerritzen. Und zu dieser natürlich gewachsenen Kunst kommt auch noch die angebaute Kunst, also diejenige, die in den zahlreichen Museen der Stadt ausgestellt wird.

Und weil all das offenbar nicht genug ist, gibt es noch ein Meer von Kunstgalerien – aus dem herauszuragen nur wenige schaffen. Drei Frauen sind die Ausnahme: Holly Snapp, Rossella Junck und Bruna Aickelin. Jede von ihnen hat sich einer anderen Kunstrichtung verschrieben. Dies aber mit jener Leidenschaft, zu der Frauen fähig sind, wenn sie wahre Liebe spüren.

HOLLY SNAPP: EINE GALERISTIN, EIN THEMA – VENEDIG

Wenn ein Regisseur die Rolle eines exzentrischen, in Venedig lebenden Künstlerehepaars besetzen müsste, dann wäre er entzückt, wenn er jetzt hier in Harry's Bar ein Casting machen könnte. Denn an dem Tisch vorne rechts neben dem Eingang sitzt Geoffrey Humphries und löst gerade seine Lippen von einem Glas Gin-Martini. Er trägt wie immer einen schwarzen, breitkrempigen Hut und einen schwarzen Dreiteiler, und wie immer klebt an seiner Weste etwas Farbe. Geoffrey Humphries ist nicht nur ein gefragter Porträtmaler, dessen Werke in London von der National Portrait Gallery und dem renommierten Chelsea Arts Club ausgezeichnet wurden, sondern auch Aquarellmaler bester englischer Tradition und Gastgeber legendärer vene-

HINKOMMEN
Mit dem Vaporetto bis zur Haltestelle San Samuele (hier hält nur die Linie 82) oder Sant'Angelo

zianischer Partys. Und nicht zuletzt Ehemann der amerikanischen Galeristin Holly Snapp, die neben ihm sitzt. Das Gesicht hinter einer Wie-angle-ich-mir-einen-Millionär-Brille versteckt, ist Holly Snapp in die Menükarte vertieft, die an diesem Tag den vertraulichen Titel »Die Samstagsdiät« trägt. Vielleicht doch lieber nur eine klare Brühe? Unentschlossen tastet Holly nach ihrer Perlenkette und rückt sie zurecht.

Exzentrisch, aber genau im richtigen Maß: Galeristin Holly Snapp mit ihrer Tochter Lucy Mae

Holly Snapp gehört zu den wenigen Frauen, die schon morgens eine Federboa mit Überzeugung tragen können, was vielleicht daran liegt, dass sie permanent auf Zeitreise ist. Gerade war sie noch in den 50er-Jahren unterwegs, dann verkörpert sie schon wieder England's Rose, obwohl sie eigentlich aus Seattle stammt.

Als die Amerikanerin im Jahr 1996 ihre Kunstgalerie unweit des Palazzo Grassi eröffnete, wollte sie sich von dem Strom der Beliebigkeit abgrenzen, in dem viele Kunstgalerien in Venedig treiben – also keine vage Mischung aus Arnoldo Pomodoros Metallskulpturen und Salvador Dalís zerfließenden Uhren, sondern ein Thema. Ein Motiv, das offenbar so naheliegend ist, dass keine andere Kunstgalerie bislang auf die Idee kam: Venedig. Ungeachtet seiner ruhmreichen kunsthistorischen Vergangenheit schien die Stadt kurioserweise nur auf den Bildern der Markusplatz-Maler aufzutauchen. Und das, obwohl Venedig fast allen bedeutenden Protagonisten der Kunstgeschichte Modell gestanden hat – von Carpaccio über Canaletto bis zu William Turner. Holly Snapp bewies, dass Venedig auch heute noch Gegenstand zeitgenössischer künstlerischer Auseinandersetzung sein kann.

Von Canaletto bis Turner: Immer hat Venedig den Malern Modell gestanden

Der Engländer Geoffrey Humphries ist einer der wenigen Maler, die sich Venedig noch unbefangen zu nähern vermögen. Holly Snapps Gatte ist nicht nur für seine Porträts und Akte berühmt, sondern auch für

Ein Künstler in Harry's Bar: Geoffrey Humphries, Ehemann der Galeristin Holly Snapp und begnadeter Venedig-Maler

seine Venedig-Aquarelle. Humphries ist Aquarellmaler bester englischer Tradition: Seine Bilder zeigen die Stadt in kleinen Alltagsstudien – am Fischmarkt, vor dem Zeitungskiosk an der Accademia, im Rio San Trovaso. Bis hin zu jenen magischen Momenten, wenn das Licht bricht und die Jesuitenkirche am Zattere-Ufer in Wasser und Farben aufgelöst wird: Geoffrey Humphries' Venedig-Ansichten haben Standards gesetzt.

Zu den Künstlern, denen sich die Galerie Holly Snapp widmet, gehören nicht nur zahlreiche weitere englische und amerikanische Aquarellmaler, sondern auch der deutsche Künstler Wulf Winckelmann, der das Licht von Venedigs Lagunenlandschaft wie kein Zweiter eingefangen hat. Was seinen Ölbildern einen verdienten Vergleich mit William Turner eingebracht hat.

Inzwischen hat Holly Snapp die Galerie erweitert: In der Calle delle Botteghe, jener Gasse, die vom Campo Santo Stefano zum Palazzo Grassi führt, warten drei Ausstellungsräume auf Besucher. Die Calle delle Botteghe gilt im Übrigen als Venedigs künstlerischste Gasse: Nicht weniger als 13 Galerien und Antiquitätenhändler haben hier ihren Platz gefunden

NICHT KITSCH, SONDERN KUNST: MURANOGLAS BEI ROSSELLA JUNCK

HINKOMMEN

Mit dem Vaporetto bis zur Haltestelle Santa Maria del Giglio

Bei Muranoglas denkt man heute leider zuerst an orangefarbene Delphine, krampfgeschüttelte Rösser und alles verschlingende Blumenbouquets, die in den Schaufenstern rund um den Markusplatz so lange ihr Unwesen treiben, bis sie endlich eine Heimstatt in einem Schleiflackschlafzimmer in Ohio finden. Das ist so, als fiele einem bei dem Wort Buch immer nur Rosamunde Pilcher ein oder John Grisham und nie Thomas Mann. Denn nicht zuletzt ist Muranoglas eine der venezianischen Entdeckungen schlechthin: Die größten Glas-

Rossella Junck zeigt und verkauft in ihrer Galerie Glaskunst – alte Meister aus dem 15. Jahrhundert genauso wie die Avantgarde von heute

künstler aller Zeiten sind Venezianer. Zur Zeit der Dogenrepublik war die Glasbläserei eine eifersüchtig gehütete Kunst – weshalb ihr eine eigene Insel gewidmet wurde. Wie immer in Venedig geschah dies aus sehr pragmatischen Gründen: Da die Venezianer Feuersbrünste fürchteten, verbannten sie die Glasbläser nach Murano. Außerdem ließen sich dort die Geheimnisse ihres Handwerks besser schützen. In Venedig war Glas nie einfach nur Dekoration, sondern immer schon Kunst.

Um diese Wissenslücke aufzuklären, lohnt sich ein Besuch bei der venezianischen Galeristin Rossella Junck: Sie verkauft die Literaten der Glaskunst. Sammlerstücke aus verschiedenen Zeiten und Strömungen, von zeitgenössischen Avantgarde-Glaskünstlern bis hin zu alten venezianischen Meistern wie Barovier aus dem 15. oder Salviati aus dem 19. Jahrhundert.

Manchmal sieht man Rossella Junck nachmittags über die Via XXII Marzo zu ihrer Galerie laufen. Stets elegant, meist schwarz gekleidet, oft mit Hut, verströmt sie jene gewisse Greta-Garbo-Aura, die zu Venedig passt wie der in der Sonne sich langsam auflösende Novembernebel. Häufig wird sie von verwandten Seelen begleitet, Aldo Bova und Puccio Migliaccio, Experten historischer und venezianischer Glaskunst, sowie von einer sehr kurzatmigen, an der Leine zerrenden Kurzhaardackeldame namens Artemisia, die auf den eigentlich unsterblichen, dennoch dahingeschiedenen Terrier Orazio folgte.

Glasbläserei war in Venedig immer ein eifersüchtig gehütetes Geheimnis

Die gebürtige Turinerin Rossella Junck eröffnete ihre erste Galerie in Venedig Anfang der 80er-Jahre, seither ist sie aus der Welt der Glaskunst nicht mehr wegzudenken: Sie fördert nicht nur viele junge Glaskünstler – Venezianer oder Ausländer, die nach Venedig kommen und hier zum ersten Mal auf Murano mit Glasbläsermeistern zusammenarbeiten –, sondern organisierte auch

epochemachende Ausstellungen über venezianische Glaskunst im Museum Correr am Markusplatz. Vor vier Jahren machte sie in ihrer Galerie mit einer einzigartigen Ausstellung von sich reden: »Venezia Vetro 2002«. Glaskünstler aus der ganzen Welt stellten Werke aus, die in der einen oder anderen Weise mit Venedig verbunden sind. Darunter waren so eklektische Künstler wie die Französin Isabelle Poilprez, die auf ätherische Weise Glas mit »objets trouvés« verbindet, Dingen, die sie bei einem Spaziergang am Strand gefunden zu haben scheint, Treibholz oder Muschelschalen. Der Kanadier Brian Hall schuf eine zarte Qualle aus Glas, Antonio di Rossi einen martialisch anmutenden gläsernen Büstenhalter. Zwei Jahre später kam es zu einer großen Ausstellung französischer Glaskünstler: »La France à Venise«, aus der besonders intensiv die bizarren Glasgesichter der französischen Künstlerin Anne Lise Riond Sibony im Gedächtnis blieben.

Muranoglas kann man in Venedig in allen Souvenirläden kaufen. Wahre Kunst gibt es bei Rossella Junck

Vom gehämmerten Kelch von Barovier bis zum zartrosa Zauberwesen, das einer Muschel entspringt – Rossella Junck beweist in ihrer Galerie, dass ein Künstler mit Glas alles ausdrücken kann.

Die Galerie Capricorno im »weißen Würfel« zählt zu den ersten Adressen Venedigs für zeitgenössische Malerei

DIE EXPERTIN FÜR KUNST DER GEGENWART: BRUNA AICKELIN

Als die Venezianerin Bruna Aickelin 1970 die Kunstgalerie Il Capricorno von zwei Protagonisten des venezianischen Kunstlebens übernahm (einer davon war der unglückselige Conte Filippo Giordano Dalle Lanze, der von seinem Liebhaber mit einem Kronleuchter erschlagen wurde, was in Venedig als ein weiteres Menetekel des verwünschten Palazzo Dario interpretiert wurde: Der bedauernswerte Conte Dalle Lanze war sein Bewohner), war Venedig der Nabel der Kunstwelt: Pop-Art-Künstler wie Andy Warhol, Robert Rauschenberg und Jasper Johns gingen genau wie die Arte-Povera-Protagonisten Jannis Kounellis, Mario Merz oder Giulio Paolini in den Restaurants der Stadt ein und aus, umzingelt von Kunsthändlern und Galeristen. Venedig war im Kunstfieber. Das ganze Jahr über, nicht nur zu Biennale-Zeiten. Es war die Hoch-Zeit mythischer Kunsthändler, die Epoche von Kunstpatriarchen wie Giovanni Camuffo, der seine Warhols im Bade-

HINKOMMEN

Mit dem Vaporetto bis zur Haltestelle Calle Vallaresso

zimmer aufzuhängen pflegte – und der mit seiner legendären Galeria del Leone der Pop-Art den Weg in die Welt bahnte. Eine Frau als Besitzer einer Galerie war in jener Zeit so etwas wie ein weißer Elefant. Vielleicht war auch das der Grund dafür, dass Bruna Aickelin in den ersten Jahren viel mit der New Yorker Galeristin Ileana Sonnabend zusammenarbeitete.

Grande Dame der Kunst: Seit 1970 führt die Venezianerin Bruna Aickelin ihre Galerie in der Nähe des Opernhauses La Fenice

Bald hingen an den Wänden des »weißen Würfels«, wie ihre Galerie genannt wurde, die Werke von Arte-Povera-Künstlern wie Kounellis und Merz, gefolgt von amerikanischen Künstlern der Pop-Art wie Jim Dine und Graffiti-Künstlern wie Keith Haring. Bis heute pflegt Bruna Aickelin die Zusammenarbeit ausschließlich mit den renommiertesten Galerien der Welt, etwa mit ihrer Londoner Kollegin Victoria Miro. Und mit bedeutenden Privatkunden wie mit dem legendären Modefotografen Mario Testino.

Bruna Aickelin ist eine wahre Grande Dame der Kunst, elegant und von sanfter Hintergründigkeit. Eine, die sich immer noch jener Tradition von Kunstverrückten verpflichtet fühlt, für die Kunst auch Leben ist. Und die möchte, dass die Besucher beim Betrachten der Werk ein »direktes, intensives Erlebnis« haben. Deshalb sind ihre Exponate klassisch: amerikanische und englische Gegenwartskünstler. Keine Videomätzchen, sondern gegenständliche Malerei und somit etwas, was heutzutage schon wieder zur Avantgarde zählt.

Von Arte Povera bis Pop-Art: In der Galerie Capricorno war alles zu sehen

Zu den Künstlerinnen und Künstlern, die sie in ihrem »weißen Würfel« ausstellt, gehören Vanessa Beecroft, Christian Schumann, Sylvie Fleurie, Karen Kilimnik, Elizabeth Peyton – Künstler, deren Werke alle etwas gemein haben: eine stilistische Sanftheit, die Abgründe offenbart. Und das alles direkt an einem venezianischen Kanal, in dem die Gondolieri von morgens bis abends »Funiculifunicula« singen.

Vorsicht, zerbrechlich: kunstvolle Glasobjekte in der Galleria Rossella Junck

ADRESSEN

KUNST IN VENEDIG: DREI FRAUEN UND IHRE GALERIEN

• Gallery Holly Snapp

1996 eröffnete Kunstgalerie unweit des Palazzo Grassi. Holly Snapps Schwerpunkt: Venedig-Ansichten. Aufs Schönste umgesetzt von ihrem Mann, dem Aquarellmaler Geoffrey Humphries.

Calle delle Botteghe
San Marco 2970, 3128 und 3133
30124 Venedig
Tel. 0039/0415210030
www.galleryhollysnapp.com
Öffnungszeiten: tgl. außer So. 10 bis 13 und 14.30 bis 16.30 Uhr

• Galleria Rossella Junck

Glaskunst jenseits von jeglichem Souvenirkitsch: Rossella Junck zeigt in ihrer Galerie am Ende der Einkaufsstraße Via XXII Marzo zeitgenössische Avantgarde genauso wie Werke alter venezianischer Meister aus Muranoglas.

Calle delle Ostreghe
San Marco 2360
30124 Venedig
Tel./Fax 0039/0415207747
www.rossellajunck.it
Öffnungszeiten: tgl. außer So. 10 bis 12.30 und 16 bis 19.30 Uhr
Seit 2005 gibt es auch eine Dependance in Berlin:
Galerie Rossella Junck
Augustraße 28
10117 Berlin
Tel./Fax 030/94883898
Öffnungszeiten: Di. bis Sa. 14 bis 18 Uhr

Das Giorgione ist seit 200 Jahren ein Hotel. Romantisch: der Innenhof, Gipfel der Romantik: die kleinen Dachterrassen

• Galleria Il Capricorno

Seit 1970 hat die Venezianerin Bruna Aickelin die Galerie unweit des Opernhauses Fenice, sie war eine der ersten Frauen in der Galerienszene. Sie zeigte Andy Warhol, Jim Dine und Keith Haring und heute Maler wie Sylvie Fleurie und Elizabeth Peyton.

San Marco 1994
San Fantin
30124 Venedig
Tel./Fax 0039/0415206920
Öffnungszeiten: tgl. außer So. 11 bis 13 und 17 bis 20 Uhr
www.anticomartini.com/capricor.htm
E-Mail: galleriailcapricorno@libero.it

ÜBERNACHTEN

• Hotel Giorgione

Dieses Hotel dürfte es eigentlich gar nicht geben. Jedenfalls nicht in Venedig. Es ist hübsch, es ist gepflegt, es ist nicht teuer. Das Hotel Giorgione ist seit mehreren Generationen im Besitz der Familie Pasotto, die das Hotel auch betreibt.

Teuer und legendär: Einmal im Leben wie Hemingway in Harry's Bar sitzen

76 Zimmer, einige davon mit Dachterrasse, in einem Palazzo aus dem 15. Jahrhundert, zwischen Strada Nuova und Campo Santi Apostoli. Eine venezianische Pralinenschachtel, in der Muranoglas funkelt – als pastelliger Archimede-Seguso-Kronleuchter der 50er-Jahre, als Steinchen, eingelassen in den Terrazzoboden, und als Meerestierchen, die im Brunnen des Innenhofs schwimmen. **€€**
SS. Apostoli 4587
30131 Venedig
Tel. 0039/0415225810
Fax 0039/0415239092
www.hotelgiorgione.com
Vaporetto: Ca' D'Oro

ESSEN & TRINKEN

• Harry's Bar
Eine Legende in Venedig – und deshalb sieht man ihr nach, dass sie etwas angestaubt ist, schließlich steht sie unter Denkmalschutz mitsamt der durchgetretenen Treppen.
Das Essen ist gut, einfach und irrsinnig teuer. Es hat eben seinen Preis, sich einmal wie Hemingway zu fühlen.
Und die Baisertorte ist unvergesslich.
San Marco 1323
30124 Venedig
Tel. 0039/0415285777
Täglich geöffnet
Vaporetto: Calle Vallaresso

• Osteria La Zucca
»La Zucca« heißt Kürbis, und hier wird dem Gemüse gehuldigt. Es ist eines der wenigen Restaurants in Venedig, das auch vegetarische Gerichte bereitet – und das nicht lieblos als Beilage, sondern als Hauptgericht: Gemüsecouscous, weiße Bohnen mit Salbei, Kürbislasagne mit Mandeln und Provolone oder Käsepasta mit

Gorgonzola und Pinienkernen ... Dazu kommt eine große Auswahl an Weinen und die unmittelbare Nähe des Campo San Giacomo dell'Orio, des Platzes, an dem eine der schönsten Kirchen Venedigs steht.

Campo San Giacomo dell'Orio
Santa Croce 1762
30135 Venedig
Tel. 0039/0415241570
So. geschlossen
Vaporetto: San Stae

Schön gelegen sind viele. Aber La Zucca (der Kürbis) ist eines der wenigen Lokale in Venedig, das auch Vegetarier glücklich macht

• Vino Vino

Danach sehnt sich eigentlich jeder Venedig-Besucher: eine gemütliche Weinbar mit einer Auswahl von 350 Sorten, in der man auch ausgezeichnet essen kann – Tellergerichte, die es endlich einmal ermöglichen, der drakonischen Menüfolge italienischer Restaurants zu entkommen. Darunter sind typisch venezianische Gerichte wie kleine Happen mit Stockfischmus, »baccalà«, oder frisch zubereiteter Risotto oder Thymiankaninchen oder Gemüse-lasagne. Gerichte, die nicht, wie es auch in Venedig leider sehr verbreitet ist, der Fantasie der Lebensmittelindustrie entspringen, sondern die täglich frisch zubereitet werden, mit frischen Zutaten. Das Vino Vino ist die Weinbar des Luxusrestaurants Antico Martini, was sich bis in die Qualität der hausgemachten Nachspeisen niederschlägt, die vom Pâtisseriechef des Antico Martini hergestellt werden, auch das eine Rarität in Venedig. Die Preise sind niedrig, die Auswahl an Weinen endlos – und Reservierungen gibt es nicht, auch das eine Erleichterung: Wer kommt, kommt. Außerdem ist das Vino Vino leicht zu finden: Es befindet sich gleich neben der Oper La Fenice, und man kann hier auch nach »La Traviata« noch einkehren.

San Marco 2007
30124 Venedig
Tel. 0039/0412417688
Tgl. 11 bis 24 Uhr

Und zwischendurch ein Glas Wein am Canal Grande: im Bancogiro

• Bancogiro

Dieses Lokal am Rialtomarkt knüpft an die Tradition des »bàcaro« an: der venezianischen Osteria, in der man vor allem mittags isst. Serviert wird Hausmannsküche (die, das darf nicht verschwiegen werden, allerdings auch von Fertigprodukten unterwandert ist). Es liegt in den perfekt renovierten »magazzini«, den historischen Hallen des Obst- und Gemüsemarktes. Drinnen ist die Bar mit einer großen Auswahl an Weinen, im ersten Stock befindet sich unter einem Gewölbe der eigentliche Speisesaal; und im Sommer stehen auf der schönen Terrasse die Tische fast bis an den Canal Grande.

San Polo 122
Campo San Giacometto
30125 Venedig
Tel. 0039/0415232061
So. abends und Mo. geschlossen

✶ EXTRATIPPS

Restaurant Da Celeste auf Pellestrina

Die Insel ist so schmal, dass man, wenn man die Arme ausbreitet, mit der einen Hand die Adria berührt und mit der anderen die Lagune. Natürlich nur unter der Voraussetzung, dass man etwas längere Arme hat. Zwei kleine Strände, Häuser in Hortensienrosa, Kardinalspurpur und Scharlachrot. Pellestrina ist bunt wie die Insel Burano, nur echter. So echt, dass man hier den illegalen Muschelfischern beim Essen zuschauen kann, die ihre Schnellboote unter der Terrasse des Restaurants Celeste vertäut haben – Boote, mit denen sie immer schneller sind als die Polizei, die sie beim Fischen im giftigen Kanal von Porto Marghera erwischen will. Weil sie ihre vergifteten Muscheln nicht selbst essen wollen, gehen sie mittags zu Celeste, einem der beiden Restaurants von Pellestrina, dessen himmelblaue Terrasse über dem Wasser schwebt und das allerbeste, frischeste Meeresfrüchte bietet. Über die Straßen fahren die Frauen mit dicken Hintern Fahrrad. Sie sehen alle aus, als seien sie Komparsen für den Fellini-Film »Amarcord« gewesen und seither nicht gealtert. Und dann geht vielleicht die Sonne über der Lagune unter, und plötzlich beneidet man die Muschelfischer insgeheim um ihre Existenz.

Sestier Vianelli 625
30010 Pellestrina
Tel. 0039/041967355
Mi. und Nov. bis Feb. geschlossen

HINKOMMEN
Mit dem Vaporetto bis Lido, dann weiter mit dem Bus (gleich neben der Haltestelle) nach Pellestrina

Agriturismo Le Garzette

Salvatore ist ein wortkarger Neapolitaner, also so etwas wie süßes Salz oder trockenes Wasser. Sein Reich liegt am Lido und beginnt gleich hinter den »murazzi«, versteckt inmitten von Artischockenfeldern, Weinreben, Aprikosenbäumen und Tomatenpflanzen.

Die Muscheln kommen aus dem Meer, das Gemüse aus dem Garten von Le Garzette am Lido

HINKOMMEN
Mit dem Vaporetto bis Lido, dann mit dem Bus Linea B bis nach Malamocco. Oder mit dem Fahrrad (Verleih gleich neben der Vaporetto-Haltestelle)

Ländliche Adresse: Die Gastgeber des Agriturismo Le Garzette, wo man wunderbar essen, wohnen und träumen kann

Am liebsten würde Salvatore, der sonnengegerbte Besitzer, den ganzen Tag lang nur auf seinen Feldern stehen, hier schneiden, dort bewässern, da umgraben. Und ab und zu an den honigduftenden Artischockenblüten schnuppern. Aber was will man machen, schließlich sind da die Gäste, die essen wollen. Und nicht irgendetwas, sondern seine hausgemachte Pasta. Le Garzette ist ein Gasthaus im besten Sinn. Fünf Zimmer für diejenigen, die in Venedig auf dem Land wohnen wollen. Absolute Ruhe und bestes Essen, natürlich alles frisch vom Feld. Die exzellente Küche lockt auch andere Besucher an, allerdings lässt Salvatore das nicht jeden Tag zu, wo kämen wir denn da hin! Das Restaurant ist nur von Freitagabend bis Sonntagabend geöffnet. Dann sitzt man auf der Terrasse unter den Weinranken, zusammen mit anderen Venezianern, isst die wunderbaren frittierten Zucchiniblüten und den Gemüseauflauf. Und hat das Gefühl, in einem Film von Vittorio de Sica mitzuspielen. **€**

Lungomare Alberoni 32
30126 Venedig/Frazione Malamocco
Tel. 0039/041731078
Fax 0039/0412428798
www.legarzette.on.to

Der jüdische Friedhof am Lido

»Worte des Toten: Vier Ellen Erde in dieser Einfriedung wurden als Besitz für die Ewigkeit von oben gekauft für GIUDA LEONE DA MODENA. Sei ihm gnädig, o Herr, und gib ihm Frieden«. Das steht auf dem Grabstein des berühmten Rabbis und Literaten Leone da Modena, der auf dem jüdischen Friedhof am Lido begraben ist. Zwischen Grabplatten wuchert Gras, Vögel zwitschern, Eidechsen baden im Sonnenstrahl. Dichter lieben diesen verwunschenen Ort: Goethe, Byron, Shelley, Keats, kaum einer ließ

HINKOMMEN
Mit dem Vaporetto bis Lido

Goethe, Shelley, George Sand – alle liebten den jüdischen Friedhof am Lido

ihn bei seinem Venedig-Besuch aus. Alfred de Musset stritt sich hier mit George Sand. Auf dem alten jüdischen Friedhof – die ältesten Gräber sind 600 Jahre alt – gibt es fast nur hebräische Inschriften, nur hier und da etwas Latein. Ein paar Schritte weiter beginnt der neue jüdische Friedhof. Fast alle Inschriften sind italienisch. »Elia Cav. Rietti. Erfahrenster Händler. Männliche Überlegenheit des Geistes« steht auf einem.

Riviera San Nicolò
30126 Venedig
Führungen: Fr. 10.30 Uhr, So. 14.30 Uhr
Auskünfte bei der jüdischen Gemeinde von Venedig, Tel. 0039/041715359

Palladio und Pilze, Genuss und langsame Gangart: Marktstand unter den Arkaden der Basilica Palladiana in Vicenza. *Rechts:* Radfahrer vor dem Dom von Ferrara

Vicenza • Ferrara • Sabbioneta

Das Herz der Renaissance

Man besann sich auf die Antike, baute Palazzi, die wie Tempel aussahen – und feierte sich und das Leben. Eine sinnenfrohe Tour durch kleine Städte und das Land, dem der geniale Architekt Palladio Villen von ewiger Schönheit hinterließ

Das steinerne Erbe Palladios: der Baumeister als Statue vor seiner Basilica Palladiana im Herzen Vicenzas

Es ist ein paar Jahre her. Ich studierte in München, wir fuhren auf Exkursion nach Oberitalien, zu den Theaterbauten der Renaissance. In Vicenza saßen wir etwas matt in einem Straßencafé (es war auf der Piazza dei Signori, wie ich heute weiß), als eine meiner Mitstudentinnen aufstand und die Treppe der Basilica hinaufging. Ihren Namen habe ich längst vergessen, doch ich erinnere mich an ihr rundes, helles Gesicht und an den Haarreif, den sie stets in ihren schwarzen Haaren trug. Dass sie außer Theatergeschichte auch Gesang studierte, hatte ich bis zu diesem Moment nicht gewusst. Nun stand sie da oben, an der Balustrade dieser Treppe, und begann zu singen, so kräftig, als stünde sie auf einer Opernbühne: »Come furia disperata/Ti saprò perseguitar!« Die Verwünschungen der stinksauren Donna Anna aus »Don Giovanni«.

Ich bekam Gänsehaut vor Ergriffenheit, ich war hingerissen, wie jemand einfach so singen konnte, und wie gut diese Arie hierher passte, in diese Stadt der Renaissance. Nun, das hatte auch ein anderer schon erkannt, und deshalb sang uns die junge Frau mit dem Haarreif auch diese Arie: Sie spielte einfach einen Auftritt nach, den wir damals alle kannten, die erste Szene aus dem ersten Akt der berühmten »Don Giovanni«-Verfilmung von Joseph Losey aus dem Jahr 1979. Der Film wurde an vielen der Orte gedreht, die wir auf unserer Studentenexkursion besuchten – und die ich nun, Jahre später, noch einmal nachfahre.

Eine Fahrt in die Renaissance durch Venetien kommt an Vicenza nicht vorbei, es ist die Renaissance-Stadt schlechthin dank ihres genialen Sohns Andrea Palladio. Goethe nannte ihn einen recht innerlich und von innen heraus großen Menschen, »es ist wirklich etwas Göttliches in seinen Anlagen«. Das schrieb er vor 220 Jahren, auch er konnte Vicenza auf seiner italienischen Reise nicht auslassen. Goethes Route nach Rom werden wir auf unserer Reise einige Male kreuzen.

HINKOMMEN

Von Venedig 60 km auf der A4 bis Vicenza; die Innenstadt ist Fußgängerzone, um diesen Bezirk herum gibt es mehrere ausgeschilderte Parkplätze

Palladio wurde 1508 als Andrea di Pietro della Gondola in Padua geboren, lebte aber die meiste Zeit in Vicenza und machte aus der Stadt ein architektonisches Zentrum der Renaissance. In Italien bezeichnet man als Renaissance (»Rinascimento«) etwa die Zeit von 1420 bis 1600. War der Mensch zuvor, im Mittelalter, eingebunden in eine feste transzendente Ordnung, »so erhebt sich im Italien der Renaissance zum ersten Male mit aller Macht das Subjektive, der Mensch wird geistiges Individuum und erkennt sich als solches«. So steht es in meinen Studienunterlagen von damals. Das neue Lebensgefühl wendet sich nun, frei von den Schranken der mittelalterlichen Weltanschauung, der Entdeckung der äußeren Welt zu; Genuss, Diesseitigkeitsgefühl, Festfreude gehören dazu. »Die Menschen können von sich aus alles, sobald sie wollen«, postulierte der italienische Humanist Leon Battista Alberti im 15. Jahrhundert. Das erste Think-big-Zeitalter war angebrochen.

Das Credo der Renaissance: »Die Menschen können von sich aus alles, sobald sie wollen«

Lebensgenuss und Festfreude spüren wir auch heute noch beim Rundgang durch Vicenza. An der Treppe der Basilica findet eine Art Straßentheater statt, dabei ist es nur ein Stand mit Pilzen. Eine füllige Verkäuferin mit wallenden Röcke und klimpernden Ohrringen, die in einer Komödie ohne Weiteres als herumziehende Marketenderin auftreten könnte, preist ihre Ware an: »Signora, nehmen Sie doch von den Trombette da morto, die sind ganz frisch heute aus dem Trentino gekommen.« Diese seltsamen Pilze sehen aus wie schwarze Pfifferlinge, daneben liegen in hübschen Häufchen Steinpilze und noch weitere weiße, auberginefarbene und braune, uns ganz unbekannte Exemplare.

Hinter der Marktfrau erhebt sich die Basilica Palladiana. Sie ist keine Kirche, genauso wenig wie die berühmte Maxentius-Basilika, die größte im antiken Rom,

Ornamente allerorten: an den Gebäuden und auf dem Cappuccino im Straßencafé

deren Reste noch auf dem Forum Romanum zu sehen sind. Ursprünglich bezeichnete das Wort »Basilika« lediglich einen großen, prächtigen Bau, der für Gerichtsverhandlungen oder als Markthalle genutzt wurde. Später nannten die Christen ihre nach dem antiken Vorbild gebauten Gotteshäuser so. Die Basilica Palladiana in Vicenza mit ihrer malerischen Außentreppe wurde zum Symbol der Stadt. 1549 hatte der 41-jährige Palladio den Auftrag erhalten, sich dieses Gebäudes anzunehmen. Es war der Ratssaal, doch das Gebäude war instabil, immer wieder stürzten Teile der Anbauten ein, bis heute ist die Statik des Gebäudes delikat. Das zweite Geschoss wurde erst 30 Jahre nach Palladios Tod nach seinen Plänen vollendet.

Die Festfreude der Menschen in der Renaissance brauchte natürlich auch ein Theater. Also entwarf Palladio 1580, kurz vor seinem Tod, für seine Stadt das Teatro Olimpico. Im Lauf seines langen Lebens hatte er zahlreiche Stadtpaläste in Vicenza, außerdem Landvillen, etliche Kirchen sowie ein Kloster in Venedig gebaut. Das Teatro Olimpico wurde sein letztes Werk, sein Kollege und Bewunderer Vincenzo Scamozzi stellte es fertig. Es entstand auf dem Gelände des ehemaligen Kastell-Gefängnisses. Bis heute liegt es etwas versteckt, hat einen wenig repräsentativen Zugang durch einen grünen Hof; man wundert sich geradezu, hinter diesen verwunschenen Mauern ein Theater zu finden.

»Das berühmteste Theater der Welt muss mit dem vortrefflichsten Stück der Welt eröffnet werden«, schrieb damals ein Chronist. Aufgeführt wurde im März 1585 »König Ödipus« von Sophokles. Dafür baute Scamozzi als

»Oh weh! Wohin strauchelt mein Schritt in die Nacht!«, stammelte der geblendete König Ödipus und trat aus dem Tor der Stadt Theben. Bis heute steht diese Kulisse im Teatro Olimpico

bis heute feststehende Kulisse die Stadt Theben nach mit sich verkürzenden Perspektiven. Der ansteigende Theatersaal ist eine Halbellipse. Da sitzen nun Touristen mit ihren Reiseführern auf dem Schoß, versuchen zu verstehen, welche Beschreibung welcher der hundert Statuen mit den theatralischen Gesten zuzuordnen wäre. Junge Japanerinnen fotografieren sich gegenseitig auf den Treppenstufen. »No flash«, die Aufseherin betet es immer wieder her, doch es will nichts nützen, da helfen auch all die Schilder nichts.

Als Aufführungsstätte hatte das kleine Theater keine große Karriere. Auf die Sinnenfreuden der Renaissance folgte die Bigotterie der Gegenreformation. Schon zu Palladios Lebzeiten durften in Venedig auf Geheiß der Jesuiten keine Schauspieler mehr auftreten, es gab nur noch Laienspiel. Die Theaterzensur machte auch dem Olimpico fast den Garaus, nach der erfolgreichen Premiere gab es all die Jahrhunderte nur noch wenige Aufführungen. Erst in modernen Zeiten wird es wieder als Bühne genutzt. Und Losey lässt dort in seinem Film im Sextett »Sola, sola in buio loco« Don Giovannis Schuld zu Tage treten, während der verkleidete Leporello um Vergebung jammert.

Hatte Palladio schon die Stadt Vicenza mit der Basilica, dem Teatro und unzähligen Palazzi geprägt, so traf das noch viel mehr auf das Umland zu. Stadt-müde Wohlhabende zogen sich auch damals schon gern aufs Land zurück, standesgemäß natürlich. Der Architekt baute ihnen das Passende: allein in der Umgebung von Vicenza 16 solcher Villen, weitere acht im übrigen Veneto. Die Bauten kamen 1996 zusammen mit der Stadt Vicenza auf die UNESCO-Liste des Weltkulturerbes.

Ein großes, kleines Theater, eingeweiht mit dem »vortrefflichsten Stück der Welt«

Die sogenannten Villen waren eigentlich ländliche Herrschaftshäuser. Als die Seemacht Venedig ab dem 14.

Jahrhundert begann, sich auf der Terraferma auszubreiten, also nicht mehr auf dem Meer, sondern im Hinterland auf Beutezug ging, wurde das Veneto erst einmal entwässert. Um die Versandung der Lagune zu vermeiden und den landwirtschaftlichen Anbau in der Ebene zu erleichtern, veranlasste die Serenissima die Wasserregulierung – die Gräben und Kanäle sind auch heute noch zu sehen –, auf der sich der Reichtum der Region begründete. Denn die Villen lieferten die Lebensmittel für Venedig und die Terraferma.

Andrea Palladio war auch ein bedeutender Architektur-Theoretiker. Wie viele Architekten der Renaissance studierte er die Schriften des antiken römischen

Nach dem Schema eines römischen Theaters entwarf Palladio, typisch für die Renaissance, das Teatro Olimpico in Vicenza. Bis zu 800 Zuschauer finden auf den Rängen Platz

Architekten und Ingenieurs Vitruv (»Zehn Bücher über Architektur«) und reiste nach Rom, um die Antike zu verstehen. Über den Nutzen der Villa schrieb Palladio: Das »infolge der Aufregung in der Stadt ermüdete Gemüt« könne sich dort erholen. »Schließlich kann der Edelmann dort ruhig seinen literarischen Studien und Meditationen nachgehen. Auch die Weisen der Antike pflegten sich an ähnliche Orte zurückzuziehen.« Denn auf die Antike bezog sich alles in der Renaissance, der Wiedergeburt. Für Palladio war der antike Tempel das architektonische Schönheitsideal schlechthin.

Auf dem Land, so Palladio, könne sich das »infolge der Aufregung in der Stadt ermüdete Gemüt« erholen. Das gilt für moderne Reisende ebenso wie für den Kardinal, der die Villa Rotonda bauen ließ

LA ROTONDA: DIE IDEALE VILLA AN EINEM IDEALEN STANDORT

Die Villa Rotonda vor den Toren Vicenzas erinnert durchaus ans Pantheon in Rom: ein würfelförmiger Bau mit aufgesetzter Kuppel, vier Portiken, vier identischen Fassaden und einem symmetrischen Innenraum. Sogar von der Straße aus, auf der heute der Verkehr viel zu nahe vorbeirauscht, dominiert »das auf einer angenehmen Höhe liegende Prachthaus«, wie Goethe es nannte, die Landschaft. Man sehe es in der ganzen Gegend »von allen Seiten sich auf das Herrlichste darstellen«. Doch ausgerechnet die Villa La Rotonda, 1567 bis 1572 gebaut – die offiziell Villa Almerico Capra Valmarana heißt und als DIE Villa im Veneto gilt – ist untypisch: Sie war kein landwirtschaftlicher Herrschaftssitz, sondern Rückzugsort des Kardinals Paolo Almerico, der der Stadt überdrüssig geworden war.

Palladio schrieb selbst über La Rotonda, sie stehe auf einem der anmutigsten und vergnüglichsten Plätze, die man finden könne. Vom idealen Standort einer Villa hatte er präzise Vorstellungen: Wenn es möglich sei, in der Nähe eines Flusses zu bauen, sei dies angenehm und schön. Zu loben seien im Sommer die

HINKOMMEN

Von der Innenstadt Richtung Südosten, weniger als 10 km auf der SS247 bis zur Villa Rotonda

frische Kühle, die schöne Aussicht, zudem werde man »mit großer Nützlichkeit und Zierde« die Gärten und Weiden – die eigentliche Seele und das Vergnügen der Villa – bewässern können. Vor allem aber solle man Villen nicht von Bergen eingeschlossen bauen, »da in Tälern versteckte Bauten nicht aus der Ferne – und daher ohne Würde und Pracht – gesehen werden können«. All dies hat er bei La Rotonda wohl bedacht: Weiße Marmorfiguren heben sich vor blauem Himmel ab. Die Villa thront auf ihrem Hügel und strahlt die selbstbewusste Ruhe der Renaissance aus, während Eidechsen auf der Parkmauer umherhuschen. Wahrlich ein schöner Ort für eine Verführungsszene: »Là ci darem la mano,/là mi dirai di sì./ Vedi, non è lontano;/partiam, ben mio, da qui.« Joseph Losey verlegte in seiner genialen Verfilmung die Bauernhochzeit der Zerlina in diese Villa und setzte seinen Don Giovanni just hier auf die Braut an. Und auf der imposanten Freitreppe faltet sein Diener Leporello das nicht minder imposante Register aller Liebschaften seines Herrn auf (bis heute werden solche Faltblätter »Leporello« genannt). Wenn Lebensgenuss, Diesseitigkeitsgefühl und Festfreude die äußere Haltung des Renaissance-Menschen bestimmten, dann ist Don Giovanni der Renaissance-Mann schlechthin.

Palladios perfekter Bauplatz: auf einem Hügel und in der Nähe eines Flusses

FERRARA: DIE ERSTE MODERNE STADT EUROPAS

HINKOMMEN

Von Vicenza (oder der Villa Rotonda) auf der SS247 zur A4 nach Padua (30 km) und weiter auf der A13 nach Ferrara (50 km)

Auch wenn die Auszeichnung UNESCO-Weltkulturerbe mittlerweile inflationär ausgeschüttet wird: Vicenza trägt sie zu Recht – ebenso wie Ferrara. Hier wurde in der Renaissance der mittelalterliche Kern nicht platt gemacht, was durchaus üblich war, denn Denkmalschutz galt, wenn überhaupt, nur für die Antike. In Ferrara blieben die alten Gassen intakt, die Neustadt breitete sich im 15. Jahrhundert nach Norden aus. Für den Schweizer Jakob Burckhardt, der mit »Die Kultur der Renaissance in Italien« das Standardwerk schlechthin zum Thema verfasste, ist Ferrara »die erste moderne Stadt Europas« dank ihrer großen, regelmäßig angelegten Quartiere.

Morgendämmerung in Ferrara: Künstler und Gelehrte trafen sich hier dank des großzügigen Herrscherhauses der Este

Ferrara liegt in der Ebene und ist damit prädestiniert für Fahrradfahrer. Nirgends in Italien trafen wir so viele Radler im Straßenverkehr. Weniger das sportliche Mountainbike ist hier zu sehen, auch nicht das in Italien so beliebte elegante Rennrad, sondern das gemütliche Hollandrad. Auf diesem kommt uns auch Signora Dottoressa entgegen, 78 Jahre alt, dezent geschminkt, die mit ihrem Fahrrad den Palazzo Diamante ansteuert. Sie sieht uns mit Reiseführern in der Hand auf dem Corso Ercole I d'Este die Paläste bewundern, steigt ab und drückt uns eine Einladung in die Hand. »In den Diamante sollten Sie heute auch, da ist eine Ausstellungseröffnung«, befiehlt sie uns. Wir aber besichtigen lieber die Keimzelle von Ferraras aufstrebender Zeit, das Castello Estense. Hier residierte auch Lucrezia Borgia, Tochter des Papstes Alexander VI. und Gemahlin Alfonsos I. d'Este: Die Femme fatale der Renaissance scharte Künstler und Gelehrte um sich.

Dank des mäzenatisch gesinnten Herrscherhauses der Este konnte Ferrara ein Kulturzentrum der Renaissance werden. Am Hof der Este verkehrten Dichter wie Ariost, auf dessen bekanntestes, skurriles Werk, den

»Rasenden Roland«, wir auf dieser Reise noch einmal stoßen werden, im Garten von Bomarzo (s. Seite 158). Auch Torquato Tasso wurde von den Este gefördert, Goethe lässt den melancholischen Dichter in seinem gleichnamigen Drama sagen: Groß sei Florenz und herrlich, »doch der Wert von allen seinen aufgehäuften Schätzen reicht an Ferraras Edelsteine nicht.«

Wir schlendern weiter durch die großzügigen Straßen, erreichen die Stadtmauer, auf der eine Allee aus Ahornbäumen wächst. Die Mauer umschließt fast die komplette Innenstadt, sowohl den mittelalterlichen als auch den Renaissance-Teil. Und sie wird von Fahrradfahrern völlig in Beschlag genommen. Junge Paare fahren natürlich zu zweit auf dem Rad, das Mädchen adrett drapiert auf der Stange, der Junge stolz dreinblickend. Und wer gerade keine Liebe ausführen kann, fährt seinen Pudel im Bastkorb vorne am Rad spazieren.

Ferrara gilt als die Fahrradstadt Italiens – angeblich hat jeder Einwohner drei Exemplare. Sogar auf der Stadtmauer kann geradelt werden

ADRESSEN

PALLADIO UND DIE RENAISSANCE

• **Basilica Palladiana**

Das Wahrzeichen Vicenzas und, zusammen mit den Villen des Palladio, Teil des UNESCO-Weltkulturerbes.

Piazza dei Signori
36100 Vicenza
Tel. 0039/0444323681
Öffnungszeiten: Di. bis So. 9 bis 17 Uhr,
im Sommer 10 bis 19 Uhr

• **Teatro Olimpico**

Es liegt etwas versteckt, aber gut ausgeschildert in einem grünen Innenhof. Das Theater ist das letzte Werk Palladios,

Verwunschener Eingang: Skulpturen wie ein Mann mit Wolfskopf stehen im kleinen Park vor dem Teatro Olimpico in Vicenza

es wurde erst nach seinem Tod fertiggestellt und hat bis heute die Originalkulisse der Einweihungs-Premiere: die Stadt Theben, in der das Sophokles-Drama »König Ödipus der Tyrann« spielt.
Piazza Matteotti
36100 Vicenza
Tel. 0039/0444222800
Öffnungszeiten: Di bis Sa 9 bis 17 Uhr,
Juli und August 9 bis 19 Uhr
Im Teatro Olimpico werden auch Konzerte veranstaltet.
Settimane Musicali al Teatro Olimpico
Contrà San Pietro 67
36100 Vicenza
Tel. mobil 0039/3474925005
Fax 0039/0444302425
www.olimpico.vicenza.it

• Palladio-Führungen

Das Fremdenverkehrsamt bietet Führungen auf den Spuren des genialen Architekten an, auch auf Deutsch. Treffpunkt ist samstags, 14 Uhr, Piazza Matteotti 12, zu einem Rundgang durch die Stadt, anschließend Busfahrt zu einigen Villen.
Tel. 0039/0444320854 oder 0034/0444994770
E-Mail: info@vicenzae.org

• Villa La Rotonda

Die »Runde Villa« ist sicherlich die bekannteste der palladianischen Villen im Veneto. Sie thront heute nahe an der Straße, aber von ungebrochener Schönheit, auf einem Hügel und in großer Harmonie mit der Landschaft.
Via della Rotonda 29
36100 Vicenza
Tel. 0039/0444321793
Fax 0039/0498791380
Öffnungszeiten: 15. März bis Anfang November Di., Mi., Do. 10 bis 12 und 15 bis 18 Uhr (nur der Park), Mi. 10 bis 12 und 15 bis 18 Uhr (Besichtigung der Villa)

• Villa Valmarana »ai Nani« Palazzina e Foresteria

Diese Villa aus der Spätrenaissance wurde 1668 gebaut, berühmt sind die Tiepolo-Fresken im Inneren, die die »Ilias« darstellen. Die »17 Zwerge«, die der Villa den Namen gaben, waren ursprünglich im Garten verstreut und schmücken nun die Mauer um das Grundstück, einige von ihnen stellen Figuren aus der Commedia dell'arte dar.

Via dei Nani 2–8
36100 Vicenza
Tel./Fax 0039/0444321803
www.villavalmarana.com
Öffnungszeiten: Anfang März bis Anfang November tgl. außer Mo. 10 bis 12 und 15 bis 18 Uhr; im Winter Sa. und So. 10 bis 12 und 14 bis 16.30 Uhr

Wasserburg und Hochburg der Künste: Im Castello Estense in Ferrara residierte das mäzenatische Herrscherhaus der Este

• Castello Estense

Die Innenstadt Ferraras ist klein und übersichtlich, alle Sehenswürdigkeiten können zu Fuß erreicht werden. Das mittelalterliche, von einem Wassergraben umgebene Schloss am einstigen Stadtrand baute das Fürstengeschlecht der Este zu einer Hochburg der Künste aus. Mit der Erweiterung der Stadt rückte es auch geografisch ins Zentrum.

Largo Castello 1
44100 Ferrara
Tel. 0039/0532299233
Fax 0039/0532299279
Öffnungszeiten: tgl. außer Mo. 9.30 bis 17 Uhr

• Palazzo dei Diamanti

Der wichtigste Palazzo der Stadterweiterung wurde 1493 für Sigismondo d'Este, den Bruder des Herzogs, errichtet. Auffällig ist die Marmorverkleidung aus mehr als 8000 in Diamantform gehauenen Blöcken, die auf den Diamanten im Wappen der Este anspielen. Im Obergeschoss liegt heute die nationale Gemäldegalerie, im Erdgeschoss die Städtische Galerie für Moderne und Zeitgenössische Kunst.

Auch wenn Ferrara die Fahrradstadt ist – in Vicenza am Rand der Poebene ist es genauso beliebt

Corso Ercole I d'Este 21
44100 Ferrara
Tel. 0039/0532205844
www.palazzodiamanti.it
Öffnungszeiten: Di., Mi., Fr. 9 bis 14 Uhr,
Do., Sa., So. 9 bis 19 Uhr

• Palazzina Marfisa d'Este

Der kleine Palazzo vermittelt ein gutes Bild davon, wie noble Familien in der Renaissance lebten. Der einstige Wohnsitz der Este-Tochter ist mit historischen Möbeln ausgestattet, hübsch ist der apart ausgemalte Wintergarten.

Corso Giovecca 170
44100 Ferrara
Tel. 0039/0532244949
Fax 0039/0532203064
Öffnungszeiten: Di. bis So. 9 bis 13 und 15 bis 18 Uhr

ÜBERNACHTEN

• Locanda Le Guizze

Modern restauriertes ehemaliges Bauernhaus in dem Dorf Torri di Quartesolo (acht Kilometer südöstlich vom Stadtzentrum Vicenzas, an der S 11 gelegen), heute ein angenehmes Hotel mit schlichten modernen Möbeln und Holzböden in altem Gemäuer. Edel, aber ohne übertriebene Eleganz ist das dazugehörige Lokal im ehemaligen Stall, hier werden Gerichte des Veneto serviert. Zwar muss man von hier mit dem Auto in die Stadt fahren, kann dafür aber die Ruhe im Grünen genießen. **€€**

Via Guizze 1
36040 Torri di Quartesolo
Tel.0039/0444381977
Fax 0039/0444381992
www.leguizze.it
Restaurant So. abends und Mo. geschlossen

• **Hotel Suite Duomo**
Das Hotel ist nicht gerade exklusiv, aber die Zimmer sind auffallend groß, schlicht und modern eingerichtet und einige haben einen spektakulären Blick auf den Dom. Wer ihn nicht vom Zimmer aus sieht, freut sich über die kleine Frühstücksterrasse mit Domblick. **€€**
Corso Porta Reno 17
44100 Ferrara
Tel. 0039/0532793888
Fax 0039/0532793820
www.suiteduomo.it

Guter Morgen und gute Aussicht: Domblick auf der Frühstücksterrasse des Hotel Suite Duomo

ESSEN & TRINKEN

• **Antica Casa Della Malvasia**
Früher trafen sich hier die Marktleute, um „Ombre e Cicheti« zu bestellen – ein Gläschen Wein und einen Happen zu essen. Die Atmosphäre ist wie früher, nur kommen heute vor allem abends auch junge Leute hierher. Es gibt Käse und Wurst aus dem Umland und die 70 Sorten Wein, die der Wirt Mauro Sassaro zusammenstellt; darunter auch immer einige Malvasia aus aller Welt.
Contrà delle Morette 5
36100 Vicenza
Tel./Fax 0039/0444543704
Mo. geschlossen

Wichtiger Termin: Jedes Jahr Im September gibt es Köstliches aus ganz Italien auf den Piazze dei Sapori

• **Le Piazze dei Sapori**
Die »Plätze des Geschmacks« würde die holprige Übersetzung lauten, die Veranstaltung ist ein beliebter Markt auf der Piazza dei Signori in Vicenza, ausschließlich mit regionalen Produkten aus dem Veneto und aus ganz Italien. Die zahlreichen Stände bieten nur Spezialitäten kleiner Hersteller an, wie Ziegenkäse aus Sardinien, Steinpilzsoßen aus Südtirol, Schinken aus Parma.
Vorletztes September-Wochenende

Doppelter Genuss: das Guido Restaurante. Denn der Besitzer kocht nicht nur, er malt auch

• Guido Ristorante

Guido Marchesi, der Besitzer dieses Lokals in Ferrara, ist nicht nur Koch, sondern auch Maler. Gern führt er seine Gäste nach dem Essen in die angrenzende Galerie. Die Themen seiner Bilder wechseln, mal malt er ausschließlich Oldtimer, dann Nashörner. Recht originelle Malerei. Dagegen ist die Küche klassisch, es gibt etwa als Vorspeise Pilze mit Rucola oder warme Mini-Tintenfische mit Brot, Nudelkuchen mit Trüffel oder dünne breite Nudelfladen mit Gamberi.

Via Vignatagliata 49
44100 Ferrara
Tel. 0039/0532761052
Do. geschl.

✶ EXTRATIPPS

Sabbioneta – der Traum einer Renaissance-Stadt

Schon die Anfahrt ist historisch interessant: »Alle Straßen führen nach Rom«, lautete die Parole in der Antike, denn die Hauptstraßen des Römischen Reichs führten sternförmig auf die Hauptstadt zu. Zu den wenigen Ausnahmen gehört die Via Postumia, im Jahr 148 vor Christus erbaut. Sie führte von Genua nach Aquileia, war also eine Verbindung zwischen dem Ligurischen und dem Adriatischen Meer – weit weg von Rom. Die ersten schnurgeraden 20 Kilometer der SR62 von Verona nach Mantua sind noch diese alte Römerstraße. Sabbioneta ist ein Städtchen in der Poebene, im Sand der Poebene genauer genommen, denn von »Sabbia«, Sand, kommt sein Name. Im Grunde ist es ein verträumtes Dorf, man könnte auch sagen, hier ist der Hund begraben – bis wieder einmal ein Bus voller Kunstinteressierter heranrollt. Denn Sabbionetas Entstehungsgeschichte ist eine typische Geschichte aus der Renaissance: Vespasiano Gonzaga,

HINKOMMEN

Von Vicenza auf der A4 nach Verona (50 km), von dort ca. 40 km auf der SR62 dann auf der SS62 nach Mantua, weiter ca. 20 km auf der SS420 nach Sabbioneta (Hinweis: Dieser Abstecher lässt sich auch während der nächsten Etappe gut machen: von Parma 20 km Richtung Norden auf der S343)

ein vergleichsweise armer Verwandter des großen Herrschergeschlechts von Mantua, träumte von der idealen Stadt nach der Lehre des römischen Architektur-Theoretikers Vitruv. Er ließ alle mittelalterlichen Häuser abreißen und legte eine Stadt auf geometrischem Grundriss an, umgeben von einer sternförmigen Mauer. Er gab sich humanistisch, gründete eine Druckerei, eine Münze, eine Bibliothek, ein Museum und sogar ein kleines Theater; die Zeitgenossen nannten Sabbioneta »Klein Athen«. Doch schon mit dem Tod Gonzagas 1591 begann der Verfall, Plünderungen und Nachlässigkeiten kamen hinzu. Und Sabbioneta wurde wieder ein verschlafenes Dorf im Sand der Poebene.

In den Sand gesetzt: Sabbioneta, eine kleine Stadt in der Poebene, während der Renaissance auf dem Reißbrett geplant

ÜBERNACHTEN

Rechigi

Idealer Stopp auf der Tour nach Sabbioneta: In diesem eleganten Designhotel im Zentrum Mantuas werden in der Lobby Ausstellungen zeitgenössischer Kunst veranstaltet. Außerdem gibt es eine Dauerausstellung moderner Malerei und Skulptur. Die 60 Zimmer sind sehr modern und freundlich eingerichtet. **€€**

Via P.F. Calvi 30
46100 Mantua
Tel. 0039/0376320781
Fax 0039/0376220291
www.rechigi.com

Parma, welch ein Genuss: der Domplatz mit dem achteckigen Baptisterium (im Vordergrund der Palazzo dalla Rosa Prati), die Läden voller Delikatessen

Parma

Die Hauptstadt der Genießer

Parmas Kulturerbe sind Schinken und Käse, aber auch Nudelhütchen und (fast) eine Nationalhymne. Den italienischen Grundnahrungsmitteln sind in der Region sogar eigene Museen gewidmet

Spezialitäten bei Specialità di Parma: In dem Geschäft in der Via Farini gibt es natürlich Schinken und Käse, aber auch viele Sorten Nudeln und Olivenöl

Stefano Magnani zeigt mit ausladender Geste auf seine Vitrine. Auf sein großes Angebot an Vorspeisen ist der Besitzer des Delikatessen-Ladens Specialità di Parma besonders stolz. »Heute haben wirVollkorn-Crêpes mit Kürbis, Ravioli mit Mangold, kleine Lasagne-Türme mit Salamini ...« So könnte das noch eine Weile weitergehen, wenn die Kundschaft nicht schon Schlange stünde.

Es ist Sonntagvormittag, die Einwohner Parmas kommen kurz vor Ladenschluss vorbei, um fürs Mittagessen einzukaufen. Magnani strahlt mit seinen blauen Augen eine Dame an: »Signora, möchten Sie unser neues Olivenöl probieren? Es kommt aus Ligurien, von einem kleinen Hersteller, schauen Sie mal, dort im Regal, die eingewickelten Flaschen.« Die Signora zögert nicht lange. Und noch einen Lambrusco di Parma vielleicht? Das ist eine Weinspezialität der Region, ein leichter roter Perlwein. Aber da schüttelt die Signora den Kopf. »Ich bleibe beim Chianti«, sagt sie bestimmt. Da kann dann auch Stefano Magnani nichts ausrichten.

Aus der Region um Parma kommen zwei der berühmtesten italienischen Nahrungsmittel: Parmesan und Parmaschinken. Wir wollen die Läden mit der besten Auswahl und den leckersten Leckereien besuchen und finden noch mehr: Museen, die von Schweinen und Kühen handeln, und fleißige Nudelrollerinnen.

Etwas versteckt liegt der Laden von Andrea Baroni. Sein Angebot ist, sagen wir, überschaubar. Aber eben deshalb ist sein Laden ein Spezialitätengeschäft, es gibt fast ausschließlich Parmaschinken und Parmesankäse, davon aber verschiedenste Sorten und Reifegrade. Und zu allem kann Andrea Geschichten erzählen: Ein Parmaschinken muss zwei Jahre reifen und natürlich aus der Umgebung von Parma stammen. Der Schinken steht unter dem Schutz der EU, die »Geschützte Ursprungsbezeichnung« schreibt vor, dass die Schweine zur Herstellung von Parmaschinken aus definierten Regionen Nord-

HINKOMMEN

Von Ferrara auf der A13 ca. 55 km nach Bologna, dort auf der A1 bis Modena (50 km), weiter auf der SS9 nach Reggio nell' Emilia (25 km) und weiter nach Parma (28 km)

SPECIALITA' DI PARMA
LE SPECIALITA'
di Parma e non solo
PROFUMERIA

und Mittelitaliens stammen müssen und dass die Keulen nur in einem genau definierten Produktionsgebiet rund um die Stadt verarbeitet werden dürfen. Weit über 5000 Schweinezuchtbetriebe beliefern knapp 200 Parmaschinken-Produzenten, jährlich werden 500 Millionen Euro Umsatz mit den Schinken gemacht. Und wie viele dieser Keulen werden jedes Jahr mit dem Gütesiegel des Parmaschinkens, der Krone der Herzöge von Parma, versehen? Baronis Antwort haut uns aus den Schuhen: Es sind rund zehn Millionen.

Zehn Millionen Schinken werden jedes Jahr mit der Krone der Herzöge von Parma versehen

Während uns Baroni die Grundlagen der Schinkenproduktion erklärt, weht klassische Musik durch den Laden, der schließlich Salumeria Verdi heißt – nicht nach den italienischen Grünen, »I Verdi«, benannt, sondern nach dem Komponisten. Denn nicht nur Kulinarisches kommt aus dieser Region, sondern auch hohe Kultur. Giuseppe Verdi wurde im nahen Roncole geboren, das Kind armer Leute fand in Parma Gönner, die den begabten Jungen förderten, er wurde der wohl berühmteste italienische Opernkomponist, schuf »Aida«, »La Traviata« und weiterer 25 Opern. Auf den Spuren Verdis durch die Emilia Romagna zu fahren, das ist eine andere Geschichte (siehe Extratipp Seite 61). Für dieses Mal bleiben wir beim kulinarischen Genuss und begnügen uns mit Verdi-Klängen in der Salumeria und später im Auto von CDs.

Die meisten Schinkenkeulen kommen aus der Poebene, erzählt Andrea. Nicht aber in seinem Laden. »Die Schweine der großen Produzenten stehen immer nur im Stall«, sagt der 36-Jährige. In den Hügeln des Apennin aber, dessen Ausläufer südlich der Stadt liegen, gebe es kleinere Zuchtbetriebe, »da kommen die Schweine an die frische Luft und bewegen sich mehr«. Und das schmeckt man. Da man Geschmack nicht erklären kann,

greift Andrea Baroni zu einer rosafarbenen Keule, legt sie auf die Maschine und hobelt hauchdünne Scheiben ab. Er reicht den wie Seidenpapier schimmernden Schinken über den Tresen, nimmt sich auch selbst davon. »Dieser Parmaschinken! Da bekomme ich schon Gänsehaut, wenn ich davon rede, so gut ist der! Schauen Sie nur!«, ruft er. Und tatsächlich stellen sich die Härchen auf seinen kräftigen Unterarmen auf. Kann man so etwas trainieren? Wahrscheinlich nicht. Andrea Baronis Begeisterung für seine Ware ist echt.

Darf's ein bisschen mehr sein? Aber gern doch – bei Andrea Baroni in seinem von Opernklängen erfüllten Delikatessenladen Salumeria Verdi

Den »Parmigiani«, diesmal meint der Begriff die Einwohner der Region, ist die Kunst des Genießens so wichtig, dass sie ihren Grundnahrungsmitteln eine ganze Reihe von Museen gewidmet haben, die »Musei del cibo«. Eines gilt dem Schinken, das zweite dem Käse, ein weiteres der Salami, demnächst soll eines über Tomaten eröffnen. Wir brechen zu einem Ausflug in den Süden der Region auf, zum Museum des Schinkens.

Einkehr im Schlaraffenland: Schinken, Käse, Wein – davon und damit kann man in und um Parma gut leben

»Ein Mittagstisch ohne Wein ist kein Mittagstisch«, knurrt Signora Piovani. Ihr Sohn Luigi leitet das Degustationslokal im Museo del Prosciutto in Langhirano, er hat Platten mit Schinken und Käse vorbereitet und uns, wie erbeten, eine Flasche Wasser gebracht. Die rothaarige Signora Piovani schenkt uns nun etwas anderes ein – Malvasia dei Colli di Parma, also Schaumwein im Champagner-Verfahren aus den Hügeln von Parma. »Das passt am besten zu Antipasti«, befindet sie in einem Ton, der Widerspruch zwecklos erscheinen lässt.

Das vor drei Jahren eröffnete Museum im Süden der Stadt hat einen passenden Ort gefunden: In dem modern renovierten Ziegelgebäude war einst der Viehmarkt der Region untergebracht, Schautafeln in den ehemaligen Ställen zeigen dralle Schweine, die von stolzen Bauern präsentiert werden.

Dieser Käse schmecke aber auch vorzüglich, merken wir an, aber dafür hat Schinken-Luigi nicht wirklich ein Ohr. Am Käse interessiert ihn nur, dass mit der Molke, die bei der Produktion übrig bleibt, die Schweine gefüttert werden. Käse, das ist eine andere Geschichte: Parmigiano Reggiano! Bei uns heißt er Parmesankäse und ist meist nur Mittel zum Zweck: Über fade Tomatensaucen gerieben, soll er, womöglich abgepackt und schon geraspelt gekauft, Nudelgerichte aufpeppen. Hier aber, in der Provinz Parma, hat Parmigiano den Rang einer Religion. So wie der Schinken nur aus Schweinefleisch ganz bestimmter Rassen hergestellt wird – Large White, Duroc und Landrance –, so gibt es für die Herstellung des Käses eine hervorragende Rinderrasse, die zugleich zu den ältesten noch existierenden Nutztierrassen Italiens zählt: die »Vacche rosse«, die Roten Kühe. Diese Kühe mit dem rotbraunen Fell gab es in der Region schon um 1100, genauer gesagt: Damals gab es sogar nur diese Rinderrasse. Bis vor hundert Jahren sah man diese Milchkuh noch überall in der Poebene grasen, doch dann starb sie fast aus, weil sie nur ein Drittel der Milchmenge gibt, die hochgezüchtete moderne Rassen liefern. Aber gerade ihre Milch sei das Besondere, hat Andrea Baroni uns in seinem Laden erzählt: kräftiger und fetter, für Cappuccino sicher nicht geeignet, er schüttelte sich bei der Vorstellung. Doch nur mit dieser besonderen Milch werde der Parmigiano mild, aber kräftig im Geschmack. Zugegeben, er sei auch etwas teurer: 2,20 Euro für hundert Gramm.

Perfekter Kreislauf: Mit der Molke des Parmesans werden die Schweine gefüttert

In der Salumeria Verdi aber ist eine Preisbezeichnung »für hundert Gramm« ohnehin absurd, hier kauft niemand so lächerliche Mengen. Drei junge Mailänder mit teuren Uhren und eleganter Kleidung ließen sich einen Viertellaib in handliche Kilostücke vakuumverpacken. Ungeduldig trat da schon eine Signora von einem Bein aufs andere. Ihr Alter versteckte sie hinter einer überdimensionalen weißen Brille, ein Designerhündchen zappelte an der Leine. Sie zeigte, als sie endlich an die Reihe kam, auf den dunkelsten der Käse und fragte, was das sei. Andrea Baroni erklärte, dieser

Himmlische Adresse: Bei den Sorelle Picchi schweben im Laden die Keulen an der Decke, und im Hinterzimmer versteckt sich eines der beliebtesten Lokale der Stadt

Parmigiano sei länger gereift, und fügte an: »Der kostet aber ein bisschen mehr.« Was die Signora fast erboste. »Das macht nichts«, polterte sie los und fügte an, als wolle sie ein Exempel statuieren für die Lebensart der Parmigiani: »Ich schaue nie auf den Preis, sondern nur auf die Qualität.« Auf diese achtet im großen Rahmen auch die Europäische Behörde für Lebensmittelsicherheit (EFSA), sie hat seit 2005 ihren Sitz in Parma.

Nach einem kleinen Bummel durch die Altstadt landen wir in einem unscheinbaren Hinterzimmer hinter dem Laden der »Sorelle Picchi«, der Picchi-Schwestern. Eine der Schwestern steht in der Küche, es gibt nur wenige Nudelgerichte, die aber sind so beliebt, dass auch Geschäftsleute aus Mailand hier einen Tisch reservieren, wenn sie irgendwo in der Gegend zu tun haben. Kommt eine halbe Bürobelegschaft zum Mittagessen her, was fast täglich der Fall ist, geraten Gianna und Paula ordentlich unter Druck.

»Zweimal Cappelletti! Einmal Tortelli Zucca!«, befiehlt die Haussprechanlage. Die beiden Angestellten stehen mit weißen Schürzen in einem kleinen Raum einen Stock höher, rollen, walken, falten, schneiden und füllen Nudelteig in klassische Pastavarianten. So entstehen Tortelli mit Kartoffel, mit Spinat, mit Steinpilzen, »die kommen im Herbst frisch aus den Hügeln«, erklärt Gianna. Paula hingegen schwärmt von einem Rezept aus Mantua: Tortelli mit Kürbis und, das sei das Geheimnis, mit zerkrümelten Amarettini, den Mandelkek-

sen, und Senf. Eine Spezialität aus Parma sind hingegen Cappelletti, kleine mit Fleisch gefüllte Nudelhütchen.

Rund 600 Tortelli am Tag basteln Gianna und Paula. Essen sie denn auch zu Hause noch Nudeln? Paula zuckt resigniert mit den Schultern: »Was soll ich machen? Meine Familie interessiert das nicht, was ich hier mache, die wollen natürlich trotzdem jeden Tag Tortelli, Penne, Spaghetti ...« Aber Gianna ruft aus: »Zu Hause Pasta? Per amor di Dio – um Gottes willen!« Sie esse doch lieber ein Stück Fleisch.

Walken, Rollen, Füllen, Ausstanzen: Flinke Hände fertigen die Cappelletti, eine Spezialität aus Parma

Lektion in Sachen Genuss: Schinkenverkostung im Museum, das im Gebäude eines alten Viehmarktes vor den Toren der Stadt untergebracht ist

ADRESSEN

DELIKATESSEN IN UND UM PARMA: DIE LÄDEN UND DIE MUSEEN

• Le Specialità di Parma

In der Fußgängerzone Parmas liegt dieser meist ausgesprochen hübsch dekorierte Laden. Außer den Klassikern kann man hier frisch zubereitete Antipasti oder Nudeln kaufen – und auch gleich den Wein dazu.

Via Farini 9c
43100 Parma
Tel. 0039/0521233591
Öffnungszeiten: Mo. bis Sa. 8 bis 13 und 15.30 bis 20 Uhr, So. 9 bis 13 Uhr

• Salumeria Verdi

Andrea Baroni verkauft in seinem in der Innenstadt, aber etwas abseits gelegenen Laden fast ausschließlich Parmaschinken und Parmesan in großer Auswahl.

Via Verdi 6c
43100 Parma
Tel. 0039/05211851188
www.andreabaroniparma.com
Öffnungszeiten: Mo. bis Sa. 8.30 bis 12.30 und 15.30 bis 20 Uhr, So. 9 bis 13 Uhr

• Biblioteca Gastronomica di Academia Barilla

In dieser Spezialbibliothek des Pasta-Konzerns gibt es über 6500 Bücher zu allen Themen, die mit Ernährung zu tun haben, es gibt Informationen zu Brot, Nudeln, Süßspeisen, Jagdwesen, Gemüse, Fisch, Käse, Obst und Wein …, außerdem Kochbücher aus allen italienischen Regionen und allen großen Küchen der Welt, über 30 Fachzeitschriften und historisches Material. Die Bestände können nur eingesehen werden. Die Academia Barilla veranstaltet auch Kochkurse.

Barilla Center
Largo Calamandrei 3
43100 Parma
Tel. 0039/0521264060
www.academiabarilla.it

Parmesan von Jung bis Alt: am besten aus Milch der Kuhrasse Vacche rosse

• Museo del Prosciutto

Im Gebäude des alten Viehmarkts von 1929 ist passenderweise das Schinkenmuseum eingezogen. Zu sehen sind Fotos und altes Handwerkszeug der Schinkenproduktion, alle Tafeln sind auf Italienisch und Englisch. In der Sala Degustazione kann man Parmaschinken und andere Produkte der Region verkosten.
Via Bocchialini 7
43013 Langhirano
Tel. 0039/0521351357
www.museidelcibo.it
Öffnungszeiten: Sa., So. und feiertags 10 bis 18 Uhr

HINKOMMEN
Zum Schinken-Museum: von Parma auf der RS665 ca. 20 km Richtung Süden

• Museo del Parmigiano-Reggiano

Im zylinderförmigen Gebäude einer Käsefabrik aus dem Jahr 1848. Zu sehen sind Schautafeln sowie altes Handwerkszeug der Käseherstellung.
Corte Castellazzi
Via Volta 5
43019 Soragna
Tel. 0039/0524596129
www.museidelcibo.it
Öffnungszeiten: März bis Oktober Sa., So. und feiertags 9.30 bis 12.30 und 15 bis 18 Uhr

HINKOMMEN
Zum Käse-Museum: von Parma auf der RS9 ca. 18 km Richtung Fidenza, vor dem Ort auf die SP12, unter der A1 hindurch (3 km), auf kleinen Straßen immer weiter Richtung Norden durch Castellino nach Soragna

• Museo del Salame

1436 verfügte Niccolò Piccinino, ein in den Diensten Mailands stehender Heerführer, der bei Parma einen Stützpunkt hatte, hier »porchos viginti a carnibus pro sallamine« bereitzustellen, also 20 Schweine zum Zweck der Salami-Herstellung. Salami-Produktion hat somit Tradition in

HINKOMMEN

Zum Salami-Museum: von Parma etwa 4 km auf der SS62 in südwestlicher Richtung, kurz vor Collecchio links in die SP15 nach Felino (3 km)

der Region. Das Salami-Museum ist im Weinkeller der Burg von Felino untergebracht, zu sehen sind alte Gerätschaften und Dokumente, Rezepte und historische Fotos. Die traditionelle Salami der Region besteht aus drei Vierteln magerem Fleisch und einem Viertel Fett, probieren kann man sie im Museum auch.

c/o Castello di Felino
Strada al Castello 1
43045 Felino (Parma)
Tel. 0039/3332362839
www.museodelsalamefelino.org
Öffnungszeiten: Sa., So. und feiertags 10 bis 12 und 15 bis 18 Uhr; Dezember bis Mitte Februar geschlossen

ESSEN & TRINKEN

• Sorelle Picchi

Bei den Picchi-Schwestern kann man Delikatessen einkaufen, aber auch verweilen: Hinter dem kleinen Laden gibt es eine unscheinbare Osteria; der Mittagstisch mit den regionalen Pasta-Sorten, allesamt von den Mitarbeiterinnen einen Stock höher frisch zubereitet, ist bei Einheimischen so beliebt wie bei auswärtigen Geschäftsleuten.

Via Farini 27
43100 Parma
Tel. 0039/0521233528
Öffnungszeiten: Restaurant Mo. bis Sa. 12 bis 15 Uhr, Laden Mo. bis Sa. 8 bis 15 und 15.30 bis 19.45 Uhr

Lebensart drinnen und draußen: rustikale Küche in der Trattoria Corrieri, ein lauer Abend mit Blick auf historische Schönheiten in den Straßen vor dem Dom

• Trattoria Corrieri

In dem riesigen Lokal mit flottem Service werden Gerichte serviert, die zum rustikalen Ambiente mit rot-weiß karierten Tischdecken, den derben Holzmöbeln und dem Krimskrams an den Wänden passen: Lecker und günstig sind Tagliatelle Paglia & Fieno (Heu & Stroh – also grüne und weiße Nudeln) und das Risotto alla parmigiana.

Übernachten inmitten von Weinfeldern: die historische Azienda Agricola La Madonnina liegt auf dem Weg zum Schinkenmuseum

Via Conservatorio 1
43100 Parma
Tel. 0039/0521234426
So. geschlossen

ÜBERNACHTEN

• Palazzo Dalla Rosa Prati
Der Blick von den sieben Appartements auf den Domplatz ist spektakulär, wie auch das in warmem Orange erstrahlende Gebäude. Der herrschaftliche Palazzo gehörte jahrhundertelang den Prati, einer der nobelsten Familien Parmas, aus der Juristen und Politiker hervorgingen. Die Zimmer sind elegant möbliert, mit einem gläsernen Aufzug kommt man in den obersten Stock. **€€€**
Strada al Duomo 7
43100 Parma
Tel. 0039/0521386429
Fax 0039/0521502204
www.palazzodallarosaprati.it

• Azienda Agricola La Madonnina
Kinderfreundliches Bed & Breakfast rund 15 Kilometer südlich von Parma, an der Straße nach Langhirano. Auf dem rund 25 Hektar großen Gut wird vor allem Wein angebaut. In einem Heuschober von 1906 sind acht Zimmer untergebracht. Das Gelände hieß »La Madonnina«, weil hier eine kleine Madonna als Grundstücksmarkierung zwischen der Burg und der Benediktiner-Abtei stand – nur bis hierher durften die in Klausur lebenden Mönche gehen. Die Besitzerin organisiert Besichtigungen von Käsereien und Salami-Produzenten. **€€**
Strada Pilastro
43010 Torrechiara
Tel. 0039/3397785800 oder Tel./Fax 0521355189
www.la-madonnina.it

• Taverna del Castello

Ein nettes Restaurant, das auch fünf Zimmer vermietet, im mittelalterlichen Kern der Burg von Torrechiara. 2003 wurde das Gebäude restauriert und das Lokal mit typischer regionaler Küche eröffnet, der hübsche Garten liegt zu Füßen der Burg. Das Frühstück ist italienisch-karg, wird aber ohne Aufpreis erweitert. **€€**

Strada Del Castello 25
43010 Torrechiara
Tel. 0039/0521355015
www.tavernadelcastello.it

✶ EXTRATIPPS

Rundreise auf den Spuren von Verdi

Giuseppe Verdi wurde 1813 in Roncole bei Parma geboren, einem Kirchenorganisten fiel sein musikalisches Talent auf, er erhielt früh Unterricht. Das Konservatorium in Mailand lehnte ihn als Schüler ab, seine ersten Opern fielen durch. Doch 1842 feierte er einen Sensationserfolg mit »Nabucco«. Der Gefangenenchor »Va pensiero« wurde im von den Habsburgern besetzten Norditalien zu einer geheimen Nationalhymne, der Name des Komponisten zum Aufruf des Risorgimento, der Einigungsbewegung Italiens. Die Buchstaben V.E.R.D.I. bedeuteten ihnen »Viva Vittorio Emanuele Re d'Italia - Es lebe Viktor Emanuel, König von Italien«. In Folge komponierte Verdi »Rigoletto«, »Il Trovatore« (»Der Troubadour«) und »La Traviata«. Mit diesen und weiteren Erfolgen finanzierte er sein Landgut Sant'Agata sowie ein Altersheim für Musiker in Mailand, das bis heute als Casa Verdi verarmte Künstler beherbergt. Verdi starb 1901, er ist zusammen mit seiner Frau, der Sängerin Giuseppina Strepponi, in einer Kapelle dieses Heims bestattet.

HINKOMMEN

Von Parma auf der RS9 ca. 20 km nach Fidenza, am westlichen Ortsende Richtung Norden auf der SP588r ca. 15 km nach Busseto. Von Busseto in südöstlicher Richtung auf der Straße »Frazione Spigarolo« weiter etwa 3 km bis zur Abzweigung nach Süden, in die »Strada Cascina«, 2 km bis Roncole Verdi. Zurück nach Busseto und auf demselben Weg zurück nach Parma

Ob er wohl »Va pensiero« summt? Eine Büste des Komponisten in seinem später nach ihm benannten Geburtsort Roncole Verdi

Villa Verdi Sant'Agata

Die großbürgerliche Villa bei Busseto erwarb der Komponist mit seiner zweiten Frau, der Sopranistin Giuseppina Strepponi, als Alterssitz. Er lebte dort jahrzehntelang.

Via Verdi 22
29010 Villanova sull'Arda
Öffnungszeiten: Mai bis September tgl. 9 bis 11.40 und 15 bis 18.40 Uhr; April und Oktober tgl. 9 bis 11.40 und 14.30 bis 17.40 Uhr sowie nach Vereinbarung (Tel. 0039/0523830000)

Teatro Giuseppe Verdi

Im 1856 erbauten plüschigen Schmuckkästchen dirigierte auch Arturo Toscanini, einer der berühmtesten Verdi-Interpreten, zum hundertsten Geburtstag des Komponisten.

Piazza Verdi 10
43011 Busseto
Infos über das Fremdenverkehrsamt
Tel./Fax 0039/052492487
www.bussetolive.com
Öffnungszeiten: tgl. 9.30 bis 12.30 und 15 bis 19 Uhr

Verdi-Geburtshaus

Verdi war der Sohn kleiner Leute, sein Geburtshaus ist ein einfaches Bauernhaus, es kann besichtigt werden. In Roncole-Verdi lebte auch Giovannino Guareschi, Autor der Bücher, die als Vorlage für die »Don Camillo und Peppone«-Filme dienten.

43010 Roncole Verdi
Öffnungszeiten: 6. bis 26. Januar tgl. 9.30 bis 11.30 und 14.30 bis 16.30 Uhr, 27. Januar bis März tgl. 9.30 bis 11.30 und 14.30 bis 17.30 Uhr, April bis 15. Oktober tgl. 9 bis 11.45 und 14.30 bis 18.45 Uhr, 16. Oktober bis 15. Dezember tgl. 9.30 bis 11.30 und 14.30 bis 16.30 Uhr

Geburtshaus Arturo Toscanini

In dem eher unscheinbaren Haus in Parma wurde der kongeniale Verdi-Interpret 1867 geboren; man kann zahlreiche Exponate zu Leben und Werk des Dirigenten betrachten, der 1937 aus Abscheu vor den Faschisten Europa verließ und in die USA emigrierte: Bücher aus seiner Bibliothek, Notenblätter und auch einige private Gegenstände.

Borgo Tanzi 13
43100 Parma
Tel. 0039/0521285499
Öffnungszeiten auf Anfrage

Jede Note ein Tonziegel mehr: Mit den Einnahmen aus seinen Kompositionen finanzierte Giuseppe Verdi den Ausbau seines Landhauses Sant'Agata

Bittere Medizin: Dafür wird das Wasser in Montecatini Terme aber vor erlesenen Jugendstil-Wänden getrunken, etwa in der Tettuccio-Therme

Montecatini Terme • Monsummano Terme

Für immer jung

Urlaub in der Toskana macht gesund und schön: Mehr als 70 heiße Quellen sprudeln hier, salziges Wasser wird aus polierten Hähnen gezapft, und in dunklen Tropfsteinhöhlen wabert heißer Dampf. Dazu gibt es große Parks und feinstes Jugendstil-Ambiente

Kurschatten in Montecatini Terme: Beim Wandeln unter alten Bäumen entspannen sich die Kurgäste an heißen Sommertagen

Deutsche Urlauber assoziieren mit der Toskana eher Zypressen und Wein als Wadenwickel und Wasser. Doch es gibt insgesamt über 70 heiße Quellen sowie 20 Thermalbäder. Eines der bekanntesten ist Montecatini Terme. An einem Sonntagnachmittag in der herbstlichen Nebensaison flanieren hier italienische Familien durch die Alleen, ein Mann mit einem Transistorradio am Ohr kommt vorbei, er hört natürlich Fußball, unter den Steineichen blühen die letzten Wechselröschen.

In Montecatini gibt es nicht die klassische italienische Altstadt mit verwinkelten Gassen, dafür ist der Ort viel zu jung. Zwar belegen Funde, dass schon die Römer diese Quellen kannten, eine erste fundierte Schrift über das Wasser von Montecatini erschien 1417. Doch erst Ende des 18. Jahrhunderts trieb der toskanische Großherzog Peter Leopold von Habsburg-Lothringen die Erweiterung der Bäder voran. Noch einmal hundert Jahre später wurden die meisten der Gebäude rund um die Thermalanlagen ausgebaut, die Alleebäume gepflanzt, vereinzelt auch einige stattliche Gingko-Bäume, und der 460 000 Quadratmeter große Park angelegt.

Vor dem schmiedeeisernen Tor der prunkvollen Terme Tettuccio, einer der neun Thermenanlagen der Stadt, wartet eine ältere Ungarin. »Wussten Sie, dass es hier nur Trinkkuren gibt?«, sagt sie in leicht enttäuschtem Tonfall. In Thermalwasser baden hatte sie wollen; dieses salzige Wasser hier, ruft sie aus, das möge sie nicht trinken. Das sollte sie auch nicht einfach so tun, es braucht eine medizinische Indikation dafür. Wer in Thermalwasser baden möchte, fährt eben ins benachbarte Monsummano. Doch viele, die nachmittags durch das Tor von Tettuccio treten, wandeln nur zum Vergnügen in den Gängen auf und ab, lauschen dem Klavierspieler, der zum Kurkonzert aufspielt, spazieren durch den Park oder bestaunen die monumentale Fassade der Thermalanlage mit ihren klassizistischen Stilelementen.

HINKOMMEN

Von Parma auf die SS9 bis Modena (55 km), von dort auf die SS12 nach Lucca (110 km), schließlich auf der E76 Mare-Firenze bis Montecatini Terme (30 km) Schnellere Alternative: Von Parma auf der Autobahn A1 über Bologna (90 km) Richtung Florenz, bei Prato (85 km) auf die Autobahn E76 Firenze-Mare, Ausfahrt Montecatini Terme (30 km)

Städtchen mit Weitblick: Montecatini Alto liegt oben auf dem Hügel, der Thermalort breitete sich erst sehr viel später in der Ebene darunter aus

Auch Giuseppe Verdi kurte in Montecatini, er gab Konzerte, rein privat und nur zum Spaß auf der Bühne der Therme. Er schrieb hier die letzten Töne des »Othello«, und im selben Hotel, der Locanda Maggiore, soll, sogar im gleichen Zimmer, Giacomo Puccini Teile von »La Bohème« komponiert haben.

Sieben Wasser gab es damals für Anwendungen, nun sind es noch vier: Regina, Tettuccio, Rinfresco und Leopoldina. Alle schmecken wirklich sehr salzig. Um sie nach weiteren Inhaltsstoffen zu untersuchen, kam 1918 Marie Curie hierher, bis heute die einzige Frau, die zwei Nobelpreise bekommen hat, nämlich für Physik und für Chemie. In Montecatini Terme maß sie die Radioaktivität des Wassers.

Recht uncharmant schrieb kurz danach, 1921, Aldous Huxley, der spätere Autor von »Schöne neue Welt«, über das Leben im Kurort: »Zwei-Zentner-Frauen quellen aus ihren Stühlen, alte Männer watscheln wie vollgefressene Bären durch die Wandelhallen, andere stolzieren wie Pfaue hinter den eigenen, prallen Bäuchen her – andere schwanken ausgemergelt und gallengelb zu den polierten Wasserhähnen, wo ihnen gelangweilte Brunnenfeen das salzige, lauwarme Wasser zapfen ...« Nun ja, Huxley war jung, 26 Jahre alt, nicht das Zielpublikum des Ortes, bis heute nicht.

Aldous Huxley mokierte sich über die »gelangweilten Brunnenfeen«

Wir spazieren wieder hinaus aus dem Tor, durch die Alleen der Stadt. Alles zeugt von der prunkvolleren Vergangenheit. Am Thermalkomplex Excelsior ist Stein zu Girlanden geflochten, verblasste Puttenfresken schmücken ein Fries. 1905 wurde das gebaut, mit einem prachtvollen Portikus im Renaissance-Stil. Nebenan steht der Neubau von 1968, in den sich ein kleines Wellness-Center quetscht. Über 800 000 Kurgäste kommen im Jahr nach Montecatini Terme. Es waren einmal viel mehr – und sie blieben länger.

Luftmusik: Klavierkonzert im Freien, aber unter den Jugendstilfresken der Tettuccio-Therme

Die Besitzer der sage und schreibe 200 Hotels des kleinen Ortes trauern den Zeiten des Sozialversicherungstourismus hinterher. »Die Deutschen fehlen!«, klagt ein Wirt. »Sie kamen früher für drei Wochen; wenn heute jemand eine ganze Woche bleibt, sind wir schon froh.« Wer so lange bleibt, spielt Golf oder geht von hier aus auf Tour, fährt mit dem Zug nach Florenz, statt dort mühsam einen Parkplatz zu suchen, oder auch nach Pisa, nach Lucca. »Dann noch zwei Tage Wellness, das ist so das Wochenprogramm«, erzählt der Wirt. Im Winter hingegen sei es ruhig, »um nicht zu sagen ausgestorben«. Erika, eine Angestellte der Thermen

Stilvolle Einkehr in Montecatini: Ein Glas Weißwein, bitte. Und bloß nichts mehr vom Leopoldino-Wasser

und trotz ihres Namens Italienerin, beteuert, auch die Deutschen würden die Vorsorge ernst nehmen; wer früher auf Krankenschein kam, reise nun privat an. »Die Deutschen lieben Fango«, weiß sie, sie schwören sogar auf Fango-Gesichtspackungen. Erika sieht nicht so aus, als würde sie das auch mal ausprobieren wollen. Wie sie auch zugibt, eine Trinkkur mit den salzigen Wassern ihrer Heimatstadt noch nie durchgezogen zu haben.

Wie fast jeder Kurort in Italien hat auch Montecatini Terme eine eigene Pflegelinie entwickelt, die gibt es in der Erboristeria in der Viale Verdi, die außen als »Reformhaus« bezeichnet ist, eine Reminiszenz an die Zeiten, als die deutschen Damen hier das Hauptpublikum ausmachten. Neben den üblichen, in Italien beliebten Naturkosmetik-Marken verkaufen sie auch die Produkte der vor 30 Jahren gegründeten Pflegelinie Montecatini Erbe. Noch reiner, so die Drogistin, seien die von ihnen selbst hergestellten Cremes und Seifen und vor allem ihre Tees sowie ein alkoholfreier Kräuterlikör. Hinter ihr an der Wand lagern hinter hölzernen Schubklappen all die Ingredienzen, Fenchel, Salbei, Lavendel, Rhabarber, Anis, alles aus Bio-Anbau in der Toskana. »Der Lavendel hier«, sagt sie und öffnet einen duftenden braunen Papierbeutel, »kommt aus der Nähe von Arezzo – riechen Sie mal!« Plötzlich flutet eine Sommerbrise durch den nüchternen Laden.

In Montecatini logierten Schahs und Könige, mit ihren Frauen natürlich, und Politiker aller Couleur. Gern treten sie hier auch öffentlich auf. Einem bekam der Aufenthalt nicht so gut, obwohl gerade er immer mit seiner strotzenden Gesundheit hausieren ging: Silvio Berlusconi, Ex-Ministerpräsident, der sich gern mit seinem Sohn beim Joggen fotografieren lässt und fast allen möglichen Sinn und Unsinn moderner Wellness- und Schönheitsanwendungen an sich machen ließ. Er sprach im November 2006 auf einem Kongress zur Parteijugend – und kippte am Rednerpult um, bleich bis an die Haarwurzeln. Nichts Ernstes, nur Kreislaufprobleme, ließ sein Arzt sofort verlauten. Vielleicht hätte Berlusconi statt zum Reden zum Kuren nach Montecatini Terme kommen sollen. Oder ins benachbarte Monsummano Terme.

Schahs und Könige kamen zur Kur, Verdi und Puccini zum Komponieren

MONSUMMANO TERME: HEISSE LUFT IN TROPFSTEINHÖHLEN

»Lasset, die ihr eintretet, alle Hoffnung fahren!« Als Motto für einen Kuraufenthalt taugt die berühmteste Zeile aus Dantes »Göttlicher Komödie« wenig. So aber, im italienischen Original »Lasciate ogni speranza, voi ch'entrate!«, steht es im »Inferno« (»Hölle«) genannten Teil. Und Hölle heißt, nach dem Werk des bekanntesten toskanischen Dichters, die heißeste der Höhlen in der Grotta Giusti.

Das achte Weltwunder seien diese von thermalischem Wasserdampf durchwaberten Höhlen, schwärmte der Komponist Giuseppe Verdi und kam nicht nur nach Montecatini, sondern auch immer wieder in den Nachbarort Monsummano Terme. Über diesen Satz freut sich die kleine Gemeinde noch heute und zitiert ihn in

HINKOMMEN

Von Montecatini Terme auf der SR436 unter der Autobahn hindurch nach Monsummano Terme (10 km)

Die Heilkraft der Wasser von Montecatini Terme wurde schon im 15. Jahrhundert von Ärzten beschrieben. Neun Thermenanlagen gibt es heute in dem Ort – zum Kuren oder Lustwandeln

Vorhof der »Hölle«: Wer hier eintritt, kommt in die Höhlen voll heißer Luft in Monsummano Terme

ihren Prospekten. Doch anders als Montecatini blieb das Dorf eher unbekannt. Denn in Monsummano muss sich, wer gesunden will, in den Bauch der Erde begeben. Über dem Ort klafft eine weiße Wunde im Berg, ein riesiger Kalksteinbruch, der schon einen halben Hügel fraß. Hier stießen Arbeiter 1849 auf eine riesige Tropfsteinhöhle mit mehreren Sälen. Und durch diese flutet die warmfeuchte Luft der Thermalquellen im Boden. Grotta Giusti heißt das Höhlensystem, denn der Eingang befand sich auf dem Grundstück der Familie Giusti, deren bekanntester Sohn der toskanische Dichter Giuseppe Giusti ist. Angelehnt an seinen sehr viel berühmteren Dichterkollegen Dante heißen die aufeinanderfolgenden Höhlen nach der »Göttlichen Komödie«: Vestibül, Paradies, Fegefeuer, Hölle.

Wie nicht schwer zu erraten, steigen die Temperaturen stetig an, in der »Hölle« sind es dann 35 Grad. Darunter entspringt eine Thermalquelle, die einen See speist und die gruftige Luftfeuchtigkeit von 90 Prozent erzeugt. Das Thermalwasser enthält Bicarbonat, Sulfate, Chlorid, Magnesium und Calcium und steigt mit etwa 35 Grad an die Oberfläche. Die Höhlen sind heimelig beleuchtet und mit Teakholzliegen möbliert, auf denen man sich, in weiße Bademäntel gehüllt, zwischen Stalaktiten und Stalagmiten niederlässt. Wer nicht gesund, sondern schön werden will, kann sich mit Kakaobutter einreiben, in Fango packen oder asiatische Massagen angedeihen lassen, und alles in unlängst renoviertem Ambiente. Monsummano Terme ist sicher der unspektakulärere Ort, flaniert wird im berühmten Nachbarstädtchen, aber wer Wellness und Beauty im Sinn hat, ist hier richtig. Nur dem bedauernswerten Dichter Giusti konnten seine gerade erst entdeckten heimischen Heilquellen nicht helfen, er starb 1850 an Tuberkulose.

Erst ins Paradies und dann ins Fegefeuer: Wellness in der Grotte, bei 35 Grad

ADRESSEN

WASSER TRINKEN, IM WASSER BADEN: THERMEN DER TOSKANA

Augenschmaus: Die allegorischen Fresken in der Tettuccio-Trinkhalle lenken vielleicht ab vom salzigen Geschmack des Wassers

• Montecatini Terme

Den Kurort in der westlichen Toskana müssen schon die Römer gekannt haben, ausgebaut wurde er Ende des 18. Jahrhunderts und noch mal um die Wende zum 20. Jahrhundert. Der Charme dieser vergangenen Zeiten weht durch die Wandelgänge der Jugendstil-Anlagen mit einer leicht salzigen Note – nicht etwa vom Meer, das liegt weit entfernt, sondern von Regina, Tettuccio, Rinfresco und Leopoldina. So heißen die Thermalwasser von Montecatini Terme. In den neun Anlagen, von Excelsior über Grocco bis Torretta, werden Trinkkuren verschrieben, die vor allem wohltuend für Leber und Magen sein sollen.

Viale G. Verdi 63
51016 Montecatini Terme
Tel. 0039/05727781
www.termemontecatini.it

• Grotta Giusti

In den Grotten in Monsummano Terme ruhen die Kurgäste zwischen Stalaktiten und Stalagmiten. Ein Rundgang vom Vestibül in die immer wärmer werdenden Grotten dauert eine knappe Stunde und soll stressabbauend wirken (ca. 40 Euro). Zur Grotte gehört auch ein ganzjährig geöffnetes Freiluft-Schwimmbecken mit 750 Quadratmetern, Massagen und weiteren Wellness- und Beauty-Anwendungen.

Natural Spa Resort
51015 Monsummano Terme
Via Grotta Giusti 1411
Tel. 0039/057290771
Fax 0039/05729077200
www.grottagiustispa.com

Teakholzliegen zwischen Stalagtiten: In der Grotta Giusti in Monsummano Terme helfen 90 Prozent Luftfeuchtigkeit den Gästen bei der Entspannung

• Montepulciano Terme

Die Schwefelquellen im berühmten Weinort Montepulciano sind seit der Renaissance bekannt, helfen u. a. gegen Erkrankungen der Atemwege, Hautkrankheiten und Rheuma. Außer den medizinischen Anwendungen werden Wellness- und Beauty-Programme angeboten.

Frazione Sant'Albino
Via delle Terme 46
53045 Montepulciano
Tel. 0039/05787911
Fax 0039/0578799149
www.termemontepulciano.it

• Terme di Saturnia

70 Millionen Liter täglich spenden in dem Thermalort in der Maremma die Schwefelquellen, unter anderem über natürliche Sinterterrassen. Das Wasser soll antibakteriell und beruhigend wirken. Der Ursprung dieser Therme liegt in mythischer Vergangenheit, der Gott Saturn soll aus Zorn über die Menschen einen Blitz auf die Erde geschleudert haben. Daraufhin quoll aus einem Vulkankrater warmes und schwefelhaltiges Wasser, aus dieser Quelle kamen die Menschen weiser und glücklicher heraus. Heute gehört zur Terme di Saturnia ein exklusives Wellness-Resort, der Eintritt zu den Sinterterrassen ist jedoch frei.

Terme di Saturnia
58050 Saturnia (Grosseto)
Tel. 0039/0564600111
Fax 0039/0564601266
www.termedisaturnia.com

• **Bagno Vignoni**
Am bekanntesten in diesem Bad westlich von Montepulciano ist das Thermalbecken aus dem 13. Jahrhundert – es liegt mitten im Dorf anstelle einer Piazza. Mittlerweile wird aus Denkmalschutzgründen in modernen Thermalbecken gebadet, doch die Schwefelquelle fließt auch weiterhin in das mittelalterliche Becken.
53027 San Quirico d'Orcia
Tel. 0039/0577887365

ÜBERNACHTEN

• **Golf Hotel Corallo**
Als in den 60er-Jahren das Schwimmbad eröffnet wurde, kamen Besucher eigens dafür in dieses Hotel in Montecatini Terme – denn es befindet sich auf dem Dach und ist bis heute eine Attraktion. Das Haus ist ganzjährig geöffnet, Gäste bekommen Ermäßigung auf dem Golfplatz. **€€**
Via Cavalotti 116
51016 Montecatini Terme
Tel. 0039/057278288
Fax 0039/057279512
www.golfhotelcorallo.it

Pool-Position: 200 Hotels gibt es in Montecatini, das Golf Hotel Corallo bietet ein Schwimmbecken auf dem Dach

• **Casa Albertina**
Die Lage ist spektakulär: Die alte Villa liegt am Ortsrand von Montecatini Alto, so hat man – vor allem aus dem Frühstücksgärtchen – einen weiten Blick ins Tal. Die Villa gehörte einem Arzt, der im 13. Jahrhundert die medizinische Wirkung des Thermalwassers untersuchte. Und wer mag,

Eine Pizza auf der Piazza: im Le Maschere im zauberhaften Montecatini Alto gibt es die toskanische Variante Schiacciata

kann von hier jeden Tag mit der Seilbahn in den Kurort hinunterfahren (siehe Extratipp Seite 81). Die Zimmer sind in einem angenehmen ländlichen Stil eingerichtet, es gibt Himmelbetten und Wandmalereien. **€**

Via Fratelli Guermani 12
51010 Montecatini Alto
Tel. 0039/0572900238
Fax 0039/0572904298
www.casaalbertina.it

• Hotel Grotta Giusti

In der Villa aus dem 19. Jahrhundert in Monsummano Terme wohnte früher der toskanische Dichter Giuseppe Giusti, auf dem Gelände des Hotels befindet sich die Therme, unlängst elegant renoviert. Im Park sitzt man idyllisch auf grünen Metallstühlchen und genießt die Weltabgeschiedenheit dieses unbekannten Kurdorfes. Im Zimmerpreis enthalten sind der Eintritt zum Thermalbad, Ermäßigung von 50 Prozent auf das Thermaldampfbad in der Naturgrotte mit Thermal-Wasserstrahlmassage sowie eine Arztvisite. **€€€**

Via Grotta Giusti 1411
51015 Monsummano Terme
Tel. 0039/057290771
www.grottagiustispa.com

ESSEN & TRINKEN

• Le Maschere

Schon die Anreise zum romantischen Abend ist hübsch: Mit der Seilbahn geht es hinauf nach Montecatini Alto, auf der Piazza gibt es viele Lokale, im Le Maschere serviert man Schiacciata, eine knusprige toskanische Pizza-Variante.

Piazza G. Giusti 21
51010 Montecatini Alto
Tel. 0039/0572770085
Mo. geschlossen

Nachbars Garten: Das berühmtere Thermalbad ist Montecatini; aber auch das benachbarte Monsummano hat mit dem Grotta Giusti ein traditionsreiches Kurhotel vorzuweisen

• Corsaro Verde

Wer in Montecatini nicht Halbpension gebucht hat (was jedoch fast alle Gäste hier machen), ist froh um diese Pizzeria, denn es gibt fast keine Restaurants im Ort. Auf der großen Terrasse wird eine ordentliche Holzofenpizza serviert, drinnen werden auf einem Großbildschirm Sportveranstaltungen übertragen.

Piazza XX Settembre 11
51016 Montecatini Terme
Tel./Fax 0039/0572911650

• Music Café Gambrinus

Durchgestylter Zufluchtsort der jungen Einheimischen in einem historischen Haus mitten im Ort. Ab 18 Uhr trifft man sich im von Säulen umrahmten Hof zum Aperitif, schlürft Cocktails oder nippt am Wein, entweder an kleinen Tischen oder in tiefen Polstermöbeln. Wenn es kalt sein sollte, verzieht man sich nach innen, der große Raum ist eine Mischung aus Bar und Lounge, und an den Wochenenden legen DJs auf.

Viale Verdi 26
51016 Montecatini Terme
Tel. 0039/057271725
www.gambrinusbar.com

Rätselhaft: Obwohl die Tettuccio Bar zu den schönsten Lokalen Italiens gehört, sitzt selten jemand darin. Wohl wegen des Kurkonzerts draußen

• Tettuccio Bar

Die tagsüber geöffnete Jugendstil-Bar gehört zu der Vereinigung klassischer Lokale in Italien. Unter einem Traum von Deckengemälde werden schlichte Erfrischungen gereicht, meist sitzt man aber im Hof der Tettuccio-Thermenanlage und lauscht nachmittags einem Piano-Spieler oder den Klängen eines kleinen Kurorchesters.

Viale Verdi 71
51016 Montecatini Terme
Tel. 0039/0572773800

• Villa Rospigliosi

In dieser Villa in herrschaftlichem Park, rund 15 Kilometer von Montecatini, finden Kongresse und Veranstaltungen statt, doch einige Hotels, wie auch das Corallo (s. o.), organisieren hier festliche Abendessen. Sehr romantisch!

51035 Lamporecchio
Tel. 0039/0572803432
Fax 0039/057278288
www.villarospigliosi.com

✶ EXTRATIPP

Montecatini Alto

Auch wer nur einen Tag in Montecatini bleibt, sollte einen Ausflug in die Höhe machen, nach Montecatini Alto. Erstens wegen der nostalgischen Fahrt: 1898 wurde die Standseilbahn (italienisch: funicolare) eingeweiht, seitdem zuckeln die zwei knallroten Wägelchen »Gigio« und »Gigia« aneinander vorbei, hinauf und wieder herunter. Die mittlere Steigung beträgt 20,5 Prozent, an der steilsten Stelle aber sind es fast 40 Prozent. Der zweite Grund für diesen Ausflug ist der Ort selbst; Montecatini Alto hat, was Montecatini Terme fehlt: verwinkelte Gassen, eine schmucke Altstadt, die unter Denkmalschutz steht. Schön ist tagsüber auch der Fußweg hinunter nach Montecatini Terme, und zwar auf der Via Crucis. Der Kreuzweg verläuft durch Olivenhaine nahe der Trasse der Standseilbahn. Die Kreuzwegstationen wurden vor einigen Jahren restauriert und sind geschmückt mit Tafeln der Keramikschule von Montelupo.

Funicolare
Viale Diaz 22
51016 Montecatini Terme
Tel. 0039/0572766862
www.funicolare1898.it

Statt Kurtaxe: Mit der Funicolare geht es gemächlich hinauf nach Montecatini Alto, in über 100 Jahre alten Waggons

Sein und werden: Bevor solche braunen Edelsteine fein aufgereiht in den Vitrinen liegen (wie bei Slitti), ist viel handwerkliches Können gefragt (wie bei Catinari)

Pistoia • Monsummano Terme

La dolce vita

Das süße Leben entdeckt, wer in und um Pistoia von einem Schoko-Laden in den nächsten zieht, um immer dunklere Geheimnisse schmelzen zu lassen – auf der Zunge

Ruhige Ecke: Nur ein paar Schritte vom Domplatz entfernt liegen in Pistoia so beschauliche Plätze wie die Piazza della Sala

Als wir von den »Vie del Cioccolato« hörten, stellten wir uns diese »Wege der Schokolade« als eine ausgeschilderte Straße vor, auf der alle paar Kilometer Nougatbrunnen, Schokoladenläden oder sonstige Traumgebilde aus dem Schlaraffenland auf uns warten. Leider sind die »Vie« aber doch kein Weg von einem Leckerladen zum nächsten, sondern eine eher ideelle Vereinigung zum Trotz der Pflanzenfett-Einrührer: Palmöl, Sal, Shea, Kokum gurgi, Mangokern- und Kokosnussöl – all diese exotischen Pflanzenfette haben nämlich nach Auffassung traditioneller Produzenten in Schokolade nichts verloren.

Dass die Region um Pistoia im Nordwesten der Toskana berühmt ist für ihre Schokolade, hat mit der EU zu tun. Nicht etwa, weil diese die Hersteller subventionieren würde, im Gegenteil: Als das Europäische Parlament im Jahr 2003 eine Richtlinie über Kakao- und Schokoladeerzeugnisse für die menschliche Ernährung (Amtsblatt L 197 vom 3.8.2000) herausgab, die gestattete, dass außer Kakaobutter auch andere pflanzlicher Fette verwendet werden dürfen, postulierten die traditionellen Schokoladenhersteller für sich ein: Wir nicht! Dieser lose Zusammenschluss der Schoko-Produzenten organisiert nun jedes Jahr im Januar oder Februar in Monsummano Terme die Verbrauchermesse »Cioccolosità«, am besten zu übersetzen mit Schokoleckermäuler-Messe. Auf der werden auch Rotweine vorgestellt, denn schwerer Wein und dunkle Schokolade sind ein perfektes Paar. Da wir nicht im Winter unterwegs sind, suchen wir also die Hersteller einzeln auf in ihren kleinen Fabriken, in denen sie in chromblitzenden Küchen zartschmelzende Edelsteine zusammenrühren. Unsere erste Adresse liegt kurz hinter Monsummano, das kennen wir ja schon von unserer Thermen-Tour (s. Seite 64.)

Ein Schlaraffenland, in dem mit Hingabe in flüssiger Schokolade gerührt wird

100 PROZENT KAKAO ODER: WIE MAN MENSCHEN SÜCHTIG MACHT

HINKOMMEN

Von Montecatini Terme auf der SR436 unter der Autobahn hindurch nach Monsummano Terme (10 km) und ca. 3 km weiter Richtung Süden nach Cintolese

Andrea Slitti in Monsummano Terme zum Beispiel befand, Barolo Chinato dürfe durchaus in Schokolade gemischt werden. Mit diesem Digestif, nach über hundertjährigem Rezept hergestellt aus dem Rotwein Barolo, China-Rinde und Kräutern, aromatisiert er einige seiner Spezialitäten.

Papa Slitti war vor die Frage gestellt, was tun, wenn man als Besitzer eines gut gehenden Ladens zwei Söhne hat, die beide geschäftstüchtig genug wären, den Familienbetrieb weiterzuführen? Das Angebot erweitern, dachte sich Familie Slitti. Die traditionsreiche Kaffeerösterei hatte erst mit Schokolade nur gehandelt, nun stellen sie selbst welche her. Sohn Daniele kümmert sich um die Kaffeebohnen, sein Bruder Andrea um die Kakaobohnen und alles, was man daraus machen kann. In den schicken Laden am südlichen Stadtrand von Monsummano, dekoriert mit Masken und Tüchern aus Afrika und Lateinamerika, den Herkunftsländern der Bohnen, kommen Kunden auch im Hochsommer gern. Nicht nur, weil – für die Schokolade – der Verkaufsraum angenehm kühl ist, sondern weil es für echte Schokaholics natürlich keine Jahreszeiten gibt. Wer süchtig ist nach Schokolade, steigt ja nicht im Sommer plötzlich um auf Marzipankartoffeln, was nun wirklich keine vernünftige Ersatzdroge ist.

Katzenkaffee und rostiges Werkzeug: Was sich aus Bohnen alles machen lässt

Bei Slitti liegt die abgepackte Schokolade in appetitlichen braunen Schachteln, zu adretten Stapeln aufgeschichtet. Es gibt mit Schoko ummantelte Nüsse, Rosinen und Milchschokolade mit bis zu 70 Prozent Kakaoanteil. Eine ungewöhnliche Kombination, doch, wie der Seniorchef erzählt: »So gewöhnen wir die Genießer an Bitterschokolade, die viel gesünder, eben rich-

Harte Schale, aber wenn man erst mal draufbeißt, ... dann knackt es und Pralinenseligkeit entfaltet sich auf dem Gaumen

tige Schokolade ist.« Die gibt es bei Slitti dann mit bis zu 100 Prozent Kakaoanteil. In der Vitrine lachen dunkle, helle und weiße Pralinen die Kunden an. Und als besondere Spezialität liegt überall verrostetes altes Werkzeug herum. Es sieht täuschend echt aus, ist aber handgemachte Schokolade, mit Kakaopulver als Rostersatz bepudert. In einer kleinen Handbibliothek steht alles an Schoko-Literatur, was sich auftreiben ließ, hier kann nachgelesen werden, was man verspeist, auch gleich vor Ort, am Bartresen, zu einem Tässchen Espresso. Dieser wird mit einem Schokolöffelchen umgerührt, das dahinschmilzt. Wie wir.

Auch der Kaffee ist im Hause Slitti nicht einfach nur Kaffee. Natürlich gibt es edle Bohnen aus allen Anbaugebieten rund um den Erdball, aber als Spezialität »Kopi Luwak«, laut Firmenprospekt »der seltenste und teuerste Kaffee der Welt«. Die Geschichte dieses Kaffees gehört zu den Anekdoten darüber, welch seltsame Blüten die Nachfrage nach exklusiven Lebensmitteln treiben kann. »Kopi« heißt Kaffee, »Luwak« ist der Name einer Katzenart auf Sumatra; Katzenkaffee wird dieser sonderbare Kaffee auch genannt. Der Luwak nämlich liebt die Kaffeebohne, schleicht durch Plantagen und futtert sich den Bauch voll damit. So recht verdaulich findet sein Magen sie aber nicht, und so scheidet das Tier sie nahezu unverdaut wieder aus. Aus dem Katzenkot werden die anfermentierten Bohnen aussortiert und wie gewohnt geröstet. Das ist nicht etwa Abfall, sondern kostet pro Kilo 7000 Euro – weshalb eine Tasse Espresso aus Kopi Luwak bei Slitti dann sechs Euro kostet.

Daniele Slitti ist stolz darauf, dass es ihm jedes Jahr gelingt, einen der sechs 20-Kilo-Säcke, die auf Sumatra eingesammelt werden, zu kaufen, »fast der ganze Rest geht nach Japan«, erzählt er. In Hundert-Gramm-Tütchen abgepackt, »wird er gern gekauft«. Der Espresso, so Slitti, schmeckt »vollmundig und likörartig, nach Kräutern und Bitterorangenmarmelade«.

UND ZWISCHENDURCH EIN EIS MIT SACHERTORTENGESCHMACK

Beste Bohne: Außer traditionsreichen Sorten aus Afrika und Lateinamerika röstet Slitti auch Kaffee aus Sumatra, bei dessen Herstellung Katzen eine besondere Rolle spielen

Wie Slitti arbeitet auch Serio Filippo in Monsummano Terme, doch er stellt Schokolade nicht her, sondern mischt sie in sein Eis. In der Gelateria Filippo – der Laden liegt mitten im Ort an der Durchfahrtsstraße – zieht sich die Eistheke weit bis hinten in den Laden hinein, neben den üblichen Verdächtigen (Eissorten) gibt es Schokoeis, als »Baccio« mit Nüssen, mit Nutella und Mascarpone, Profiterol und sogar Sachertorte und Mousse au Chocolat und mit Barolo Chinato. Obwohl wir schon bei Slitti ordentlich genascht haben, können wir dieser Versuchung nicht widerstehen. Ich genehmi-

Himmlischer Kaffee in Pistoia: In der Bar neben der Kirche San Giovanni schmeckt der Espresso einfach göttlich. Er wird ja auch in einer ehemaligen Kapelle aufgebrüht

ge mir ein Schokoeis mit diesem herben Kräutergebräu, die Fotografin, eine Milchschokolade-Nascherin, lässt sich helle Mousse auf die Waffel häufen.

KONFEKT VON PISTOIA: EIN REZEPT AUS DEM JAHR 1372

Wir fahren nach Pistoia weiter, brauchen erst einmal einen Spaziergang an der frischen Luft. Wir schlendern durch die mittelalterlichen Gassen und erfreuen uns an der ungewöhnlichen, weil gänzlich leeren Piazza vor dem Dom. Hier gibt es kein Café, keinen Laden, nur die strenge Schönheit der fast tausend Jahre alten Architektur. In einer kleinen Bar in der Altstadt trinken wir einen Espresso, um wieder aufnahmebereit zu sein, in jeder Hinsicht. Denn nun besuchen wir traditionelle Konfekt-Rotierer.

Senior-Chefin Nicla Corsini betritt divenmäßig ihren Laden, ihr Erscheinen ist immer ein Auftritt, heute trägt sie eine schwere lange Bernsteinkette zu grünem Kostüm. Sie fahre im Urlaub immer nach Tirol, erzählt sie, warum die Deutschen nur immer in die Toskana kommen, es leuchte ihr nicht ein. »Die Berge, die klare Luft«, schwärmt die Erbin des traditionsreichen Zuckerbäcker-Ladens mit eigener Produktion. Schokolade machen sie auch, hauptsächlich aber sogenanntes Konfekt, zuckerüberzogene Mandeln oder Nüsse. Dieses »Konfekt von Pistoia« soll schon 1372 hergestellt worden sein. Die weißen, knubbeligen Zuckerkugeln werden murmel- bis golfballgroß, ihre Herstellung ist eine aufwendige, neunstündige Prozedur, die noch immer nach altem Rezept abläuft.

1918 wurde die Firma Bruno Corsini gegründet. Aus dieser Zeit stammen auch die acht großen Kupferkessel, die sich unter dem Ziegelgewölbe hinter dem Ladengeschäft drehen. In diese werfen die Angestellten,

HINKOMMEN

Von Monsummano Terme auf die A11 nach Pistoia (20 km). Richtung Zentrum bis zur Viale Antonio Pacinotti, auf dieser nach links, immer um die Stadtmauer herum, weiter halb rechts in die Viale Policarpo Petrocchi. Nach etwa 500 m rechts in die Via del Molinuzzo, die auf die Piazza San Francesco mündet

Bei Bruno Corsini kaufen Kenner das berühmte »Konfekt von Pistoia« sogar kiloweise. Marisa und Daniela nehmen alle Bestellungen gern entgegen

in weißen Schürzen und Häubchen, Mandeln, Nüsse oder Kokosstückchen, darauf tropft aus einer Metalltülle Zuckersirup. So formen sich in den rumpelnden Trommeln die Kugeln. Sie sind steinhart. Und schmecken nur nach Zucker, kein Wunder, sie bestehen ja aus nichts anderem.

Und doch scheppert die altmodische Ladenklingel ohne Unterlass, das »Konfekt von Pistoia« ist sehr beliebt, vor allem als Dekoration und Geschenk bei Hochzeiten, Taufen und anderen Familienfeiern. Im ungebrochenen Gespür für reinsten Kitsch werden die Kugeln aufwändig verpackt. Manch einer kauft sie aber auch so, sackweise. Wie die junge Frau, die mit ihrer fülligen Tochter hereinkommt: »Geben Sie mir zwei Kilo, wir fahren morgen nach Kalabrien, das ist ein tolles Mitbringsel.« Eine weitere Spezialität des Hauses, die der Gründer der Firma Anfang des 20. Jahrhunderts schuf, ist das schokoladenglasierte Panforte. Das Originalrezept dieser lebkuchenähnlichen Süßspeise, die es auch in Siena gibt, soll von den Kreuzfahrern aus dem Orient mitgebracht worden sein. Der schwere Kuchen besteht aus Nüssen, Honig, kandierten und getrockneten Früchten und vielen Gewürzen.

Gewürze in Schokolade, das haben zwar vermutlich schon die Azteken so gemacht, von denen die Entdecker die erste Xocólatl nach Europa brachten. Aber die Verbindung von Chili und Schoko fing erst so richtig Feuer, als Juliette Binoche dies im Film »Chocolat« vorführte. »Das hat einen richtigen Boom ausgelöst«, freut sich Nicola Corsini.

Rotationsprinzip: Steter Zuckertropfen legt sich in den rumpelnden alten Kupfertrommeln um die Nüsse, bis sie so groß wie Golfbälle sind

EINE GESCHMACKSSENSATION: PRALINEN MIT ACETO BALSAMICO

Bis in den Orient musste Roberto Catinari nicht fahren, um seine Rezepte zu erlernen. Catinari, der aus einem Dorf in der Umgebung von Pistoia stammt, ging 1954 mit 17 Jahren in die Schweiz. Aus der Zeit in Winterthur ist ihm so manches geblieben, auch Sätze wie »'s isch guat«. In Italien gab es keine Arbeit, sagt Catinari lapidar. Während andere in Autofabriken landeten, arbeitete er zunächst als Spüler und dann schon bald in einer Konditorei. Das gefiel ihm so gut – nicht das Tortendekorieren, sondern die Arbeit mit der Schokolade –, dass er selbst Chocolatier lernte. 1963 gewann er bei einer Konditorei-Ausstellung den ersten Preis. Da beschloss er: »Ich gehe zurück nach Italien.« Er wollte nun in seiner Heimat ein Geschäft aufmachen. Und mittlerweile reist er auch als Schoko-Botschafter um die Welt. Er hat in Venezuela sein Handwerk unterrichtet, »von dort kommt die Kakaobohne. Die wollen das nun auch selbst lernen, das ist ja auch verständlich.« Seit mehr als 40 Jahren bringt er Schokolade zum Schmelzen – und die Herzen seiner Kunden.

HINKOMMEN

Von Pistoia auf die südwestliche Ortsumfahrung Raccordo di Pistoia, dann auf der SP1 Richtung Prato bis Agliana (ca. 10 km). Dort Richtung Bahnhof (Stazione di Montale), rechts in die Via Provinciale

Lange Erfahrung: Roberto Catinari bringt seit mehr als 40 Jahren Schokolade zum Schmelzen – und überzieht damit etwa Pralinen in einem Gittermuster *(rechts)*

Roberto Catinari trägt einen sehr langen weißen Vollbart, er sieht aus wie ein indischer Guru, ein freundlicher, unkomplizierter Mann. Er stellt Schokoladenspezialitäten her, aber er röstet keine Kakaobohnen selbst – »ehrlich gesagt machen das ja die wenigsten, nur die meisten sagen das nicht«. Catinari kauft fertige Schokolade ein, »alles, von dem ich der Meinung bin, dass es gut ist als Ausgangsprodukt«. Und so stapeln sich im Lager seines chromblitzenden Betriebs Schachteln der berühmtesten Schweizer Schokoladenfirmen. Diesen Rohstoff schmilzt er ein und mischt ihn neu zusammen oder er macht daraus mit seinen zehn Angestellten verboten gute Pralinen.

Bis so ein einzelnes Meisterwerk endlich in seinem Schächtelchen liegt, braucht es viele verschiedene Handgriffe. »Bacioni« heißt so ein sündiges Exemplar: Fertig gekaufte Kekse werden Schritt für Schritt veredelt; erst bekommen sie einen Schokoboden, dann werden sie in Kaffeelikör getaucht. Nun spritzt ein Mitarbeiter sorgsam von Hand aus einer großen Tüte mit Tülle eine Espresso-Creme darauf, und darüber kommt schließlich ein Überzug aus Bitterschokolade.

In Catinaris kleiner Produktionsstätte sieht es aus wie im Schlaraffenland: überall Schokolade in den unterschiedlichsten Ausführungen und Formen. Hier leere Pralinenhüllen in hellem Braun, da fast schwarze Riegel, auf einem großen glänzenden Tisch liegen ganze Platten des Rohmaterials, und zu allem Überfluss tropft Schokolade aus einer Maschine in einen großen Rührbottich. Mehr als 140 verschiedene Sorten fertigt Catinari, von Pralinen mit Aceto balsamico bis Schokolade mit Zucker und Minze – aber immer nur mit Kakaobutter, betont er: »Man darf ja andere Fette verwenden, aber ich würde das nie tun.« Ob nun Milch-

Edle Schweizer Schokolade ist hier nur der Rohstoff – sie wird kreativ weiterverarbeitet

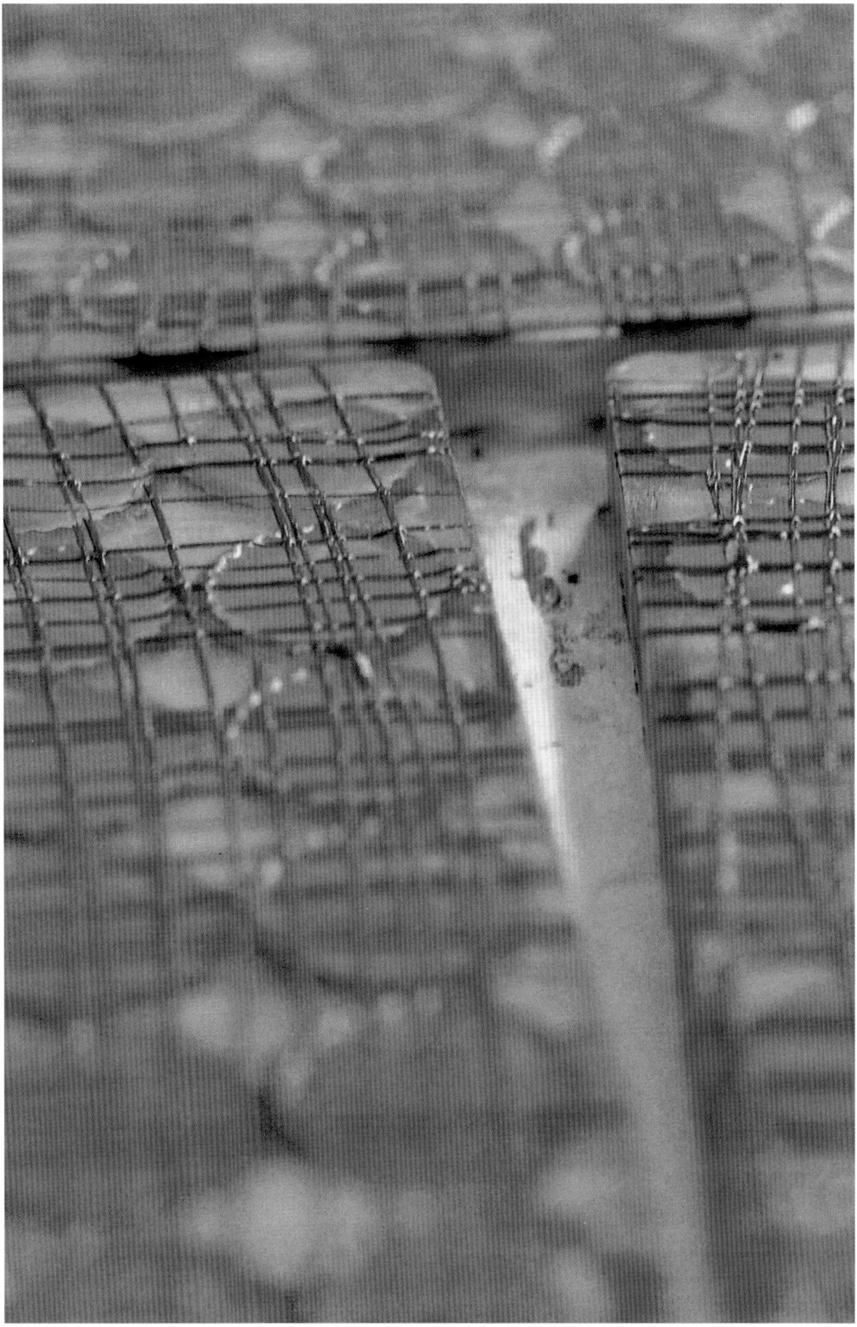

schokolade oder Bitterschokolade besser schmecke, darauf will er nicht antworten. Für einen Chocolatier ist das keine ernstzunehmende Frage. Den Hype um den höchsten Kakaoanteil will er gar nicht mitmachen; das bisschen Zucker, das noch in 70-prozentiger Schokolade enthalten sei, »das ist doch o.k.«. Dass Schokolade gesund ist, davon ist Catinari überzeugt, das habe auch sein Arzt zugeben müssen. »Ich habe zum Beispiel viel Eisen im Blut. Ich ernähre mich von Schokolade!«, ruft er aus, kaut auf einer ungerösteten Bohne herum und reicht uns eine zum Probieren herüber. Sie schmeckt tatsächlich nach Schokolade, wenn auch ohne jede Süße. Der reinste Stoff also.

Schokolade ist gesund! Man muss nur möglichst viele dunkle Sorten essen

ADRESSEN

SCHOKOLADE IN JEDER FORM

Süße Stapel: die längsten Schokoriegel der Welt? Auf jeden Fall gehören die bei Slitti zu den leckersten

• Slitti Cioccolato e Caffè

Als Spezialität gibt es in dem schicken Laden mit Bar Schokolade mit bis zu 100 Prozent Kakaoanteil oder in Form von altem Werkzeug, außerdem edle Kaffeemischungen, zum direkt Trinken oder mit nach Hause nehmen. Lecker zum Frühstück: Trinkschokolade, die aus Schokotropfen besteht; die sollen in der heißen Milch schmelzen (vorher von der kochenden Milch die Haut abnehmen! So steht es ausdrücklich in der Gebrauchsanweisung). Es gibt sie auch mit Zimt- oder Peperoncino-Geschmack.

Via Francesca Sud 1268 (Richtung Cintolese)
51015 Monsummano Terme
Tel. 0039/0572640240
www.slitti.it

• Gelateria Bar Serio Filippo

Natürlich gibt es hier auch klassische Sorten wie Vanille- und Erdbeereis; Spezialität in der langen Eistheke aber sind alle erdenklichen Sorten von Schokoeis, wie etwa mit Nüssen, als Mousse oder mit Sachertortengeschmack.

Piazza del Popolo 20
51015 Monsummano Terme
Tel. 0039/0572953343

Schmelztiegel: Roberto Catinaris Mitarbeiter versichern, ständig Schokolade zu essen. Man sieht es ihnen nicht an

• Bruno Corsini

In dem charmant altmodischen Ladengeschäft mit einem gigantischen Spiegel über der Ladentheke gibt es Zuckermandeln, dragiertes Naschwerk, Schokolade und »panforte«, alles aus eigener Herstellung – bei der man auch zusehen kann. 1918 wurde die Firma gegründet, die rumpelnden Kupferkessel für das »Konfekt von Pistoia« stammen noch aus dieser Zeit.

Piazza San Francesco 42
51100 Pistoia
Tel. 0039/057320138
www.brunocorsini.com

• Roberto Catinari

Catinari hat sein Handwerk vor 50 Jahren in der Schweiz gelernt. Zurück in seiner Heimat, stellt »der Mann mit dem Bart«, wie er genannt wird, Schokolade und Pralinen vom Feinsten her. Zu seinen Spezialitäten gehören realistisch aussehende Schoko-Kastanien, -Eicheln und -Walnüsse. Und, für die Großfamilie oder den großen Hunger: runde, 400 Gramm schwere Torten aus nichts als Schokolade.

Via Provinciale 378
51031 Agliana (Pistoia)
Tel. 0039/0574718506
www.robertocatinari.it
Catinari veranstaltet auch Schoko-Kurse.
Infos unter www.chocotravels.com
Tel./Fax 0039/02733547

Süße Träume in Pistoia: die Artemura Residence. In der obersten Etage mit dem kreisrunden Bett hat man den Panoramablick über die Altstadt

ÜBERNACHTEN

• Artemura Residence

Dies ist kein Hotel, sondern ein Appartement-Haus. Aber was für eines: Die 20 ganz unterschiedlichen Appartements liegen im Palazzo Fancelli, einem Gebäude aus dem 17. Jahrhundert im Herzen Pistoias. Der Blick geht weit über die Stadt oder in den ruhigen Garten. Besonders hübsch ist das Appartement im obersten Stock: Das runde Bett steht auf einer Empore, fast nur von Fenstern umgeben. **€€**

Via Bozzi 6/8
51100 Pistoia
Tel. 0039/05733725
Fax 0039/0573372503,
www.artemuraresidence.com

ESSEN & TRINKEN

• Pasticceria Valiani

Sehr schön zum Frühstücken: Pasticceria in einer ehemaligen Kapelle, direkt neben der Kirche San Giovanni. Es gibt feine Croissants und einen guten Blick auf den Mittwochsmarkt.

Via Cavour 55
51100 Pistoia
Tel. 0039/057323034
So. geschlossen

• La BotteGaia

Kein regelrechtes Restaurant, eher ein Vinothek mit günstigen Bruschette und großer Weinauswahl. Draußen gibt es ein paar Tische nahe an einem kleinen Platz, auf dem sich die Nachbarschaft auf ein Schwätzchen trifft und gern – nur auf ein Glas! – zu Wirt Roberto an den Tresen tritt. Als wir hier im Freien bei einem Glas Wein saßen, fragte eine junge Frau am Nachbartisch in die Runde, ob sie denn

Der perfekte Ausklang nach einem langen Tag voll Schokolade: bei einem Glas Wein in der Vinothek La BotteGaia

lieber bei Catinari oder bei Corsini die Schokolade für ein Hochzeitsfest bestellen solle. Worauf ein heftiger Disput entstand, ob nicht doch am besten Slitti … Über nichts sonst streiten Italiener so genussvoll – wie übers Essen.

Via del Lastrone 17
51100 Pistoia
Tel. 0039/0573365602

• Trattoria dell'Abbondanza

Die Einrichtung ist ungewöhnlich, aber hübsch und sehr freundlich: helle Räume, weißes Mobiliar. Die Küche, von Pasta bis Filet in Balsamico-Essig, ist typisch toskanisch und nicht ganz so leicht wie die Optik.

Via dell'Abbondanza 10
51100 Pistoia
Tel. 0039/0573368037
Mi. ganztags und Do. mittags geschlossen

Einblicke, Überblicke: das Baptisterium, Giottos Glockenturm und der Dom Santa Maria del Fiore. *Rechts:* Abendstimmung über Florenz, auf der Piazzale Michelangelo

Florenz

Wo Michelangelo den perfekten Mann erschuf

Der Campanile und die Kuppel standen schon, als der junge Michelangelo Buonarroti zum Meißel griff. Und aus einem gigantischen Marmorblock eines der größten Kunstwerke der Welt befreite

HINKOMMEN

Von Pistoia nach Süden über Bonelle, Cantagrillo, San Baronto, Lamporecchio, Santa Barbara nach Vinci, weitere 2 km nach Sant'Ansano und 4 km bis Empoli (auf kleinen Straßen, die keine Nummern haben). Von Empoli auf der SS67 nach Florenz. Gesamtstrecke: ca. 50 km Schnellere Alternative: Von Pistoia auf der A11 nach Florenz, den Schildern Richtung Stazione SMN (Santa Maria Novella) folgen, dort gibt es ein großes Parkhaus

Tipp: *Mit dem Zug nach Florenz fahren (und abends zurück, etwa nach Pistoia)! Die Innenstadt von Florenz ist nicht groß, man kann alles zu Fuß erreichen*

Das ist der Künstler selbst«, die Fremdenführerin im Dom-Museum flüstert fast vor der Pietà. Ihre kleine Gruppe schaut ergriffen. Wir stehen etwas abseits und lauschen, das macht man natürlich nicht. Aber was sie erzählt, ist spannend: In der Figur des Nikodemus habe sich der alternde Michelangelo Buonarroti (1475-1564) ein Selbstbildnis in Stein geschaffen, denn diese Pietà hätte sein Grabmonument werden sollen. Daraus wurde nichts, Michelangelo zerstörte es teilweise selbst, er muss mit dem Hammer darauf eingeschlagen haben. Ein fast symbolischer Akt der Selbstzerstörung, der natürlich jede Menge Mythen schuf. Die Fremdenführerin führt einige der Theorien auf: Der Marmor sei Michelangelo nicht gut genug gewesen, ist eine davon. Eine andere besagt, »der junge Mann, mit dem er zusammenlebte«, habe ihn so zur Eile gedrängt, er solle das Monument endlich vollenden, dass Michaelangelo wutentbrannt zum Hammer griff. Oder, eine weitere Theorie: Er stand unter großem psychischem Stress, nachdem seine gute Freundin, die Dichterin Vittoria Colonna, gestorben war, die ihm die Ideen der Reformation nahe gebracht hatte; als Sympathisant mit ketzerischen Gedanken musste Michelangelo nun täglich mit einer Verhaftung rechnen.

Zur spannenden Geschichte – kein Wunder, dass Irving Stone daraus einen Renaissance-Krimi (»Michelangelo«) strickte – kommt die Ehrfurcht angesichts der Pietà. Das Antlitz der ewig jungen Muttergottes von Gram gezeichnet, Nikodemus (also eigentlich Michelangelo) dagegen als gütiger älterer Freund, der den Leichnam hält, mit Magdalena als Stütze zur Seite. Unfassbar, welche Innigkeit der Bildhauer in diesen Marmorblock meißelte. Ähnlich ergeht es einem in den Medici-Kapellen beim Anblick des Marmorbildnisses der Madonna. In den Gegensatz zwischen dem unbeschwerten, dynamischen Kind, das noch von nichts weiß und beherzt nach der Brust der Mutter sucht, und dem melancholischen Blick der Madonna, die in der Zukunft schon das ganze Leid ihres Sohnes zu sehen scheint, legte der Künstler all seine Ausdruckskraft.

Michelangelo Buonarroti: der bedeutendste Repräsentant der italienischen Hochrenaissance, geboren 1475 als Sohn des Bürgermeisters im kleinen toskanischen Städtchen Caprese, das sich ihm zu Ehren später Caprese Michelangelo nennen wird. Schon mit 13 Jahren tritt er in Florenz in die Werkstatt eines Malers ein. Dem Medici-Fürsten Lorenzo dem Prächtigen fällt auf, dass sich der Junge mehr für die Bildhauerei als für die Malerei begeistert, und lässt ihn ausbilden. Doch mit 19 Jahren verlässt Michelangelo wegen politischer Wirren Florenz, geht nach Venedig, Bologna, schließlich nach Rom. In den nächsten 30 Jahren wechselt sein Aufenthaltsort oft. 1501 erhält er in Florenz den Auftrag, aus einem gigantischen Marmorblock einen David herauszuholen. Es wird sein wohl bekanntestes Werk als Bildhauer; als Maler wird er mit der Ausgestaltung der Sixtinischen Kapelle in Rom unsterblich.

Die Unschuld des Babys, die Melancholie der Mutter: die Madonna mit dem Kind, ein Meisterwerk Michelangelos in den Medici-Kapellen

Um nicht weiter heimlich zu lauschen, verabreden wir ein Treffen mit Regina Hahnel, der Fremdenführerin aus Wien, um uns von ihr auf die Spuren von Michelangelo bringen zu lassen. Die Liebe zu einem Mann habe sie nach Florenz gebracht, erzählt sie. Doch da kannte sie die Stadt lange schon. Als sie in Wien Kunstgeschichte studierte, reiste sie nach Florenz, brav rief sie zu Hause ihre Mutter an, die fragte, wie es ihr ergehe. »Mama, schon dafür, einmal vor dem David zu stehen, hat sich die Reise gelohnt!«, rief sie ins Telefon. Mit offenem Mund habe sie vor der David-Skulptur gestanden. Und nicht ahnen können, dass sie das einmal fast jeden Tag werde haben können: den David und all die anderen Kunstschätze, direkt vor der Nase.

Einmal vor dem David stehen – dann hat sich die Florenz-Reise schon gelohnt

Florenz, die Schatzkammer. Selbst wer kein einziges Museum besucht, ist beim Bummeln in den Straßen und Arkaden der Stadt von Anmut und Kunst umgeben

Dreimal gibt es den David in Florenz – oder 30 000 Mal, mindestens, wenn man all die Gips-Nachbildungen der Souvenirverkäufer mitzählt. Überall auf der Welt sehen Menschen sein Abbild, auf Kalendern und Postkarten, millionenfach reproduziert. Doch hier, in seiner Heimatstadt, kann man sich dem siegreichen Jüngling wieder unbefangen nähern, feiert die reine Schönheit Auferstehung.

Die bekannteste Statue steht seit dem Jahr 1873 auf der Piazza della Signoria. Um diesen David scharen sich Reiseleiter mit Mini-Lautsprechern, um zu allen Teilnehmern der Gruppe durchzudringen, was aber das Gemurmel auf dem Platz nur noch lauter macht, sodass alle wieder lautere Lautsprecher brauchen. Wer die Augen schließt, hört ein babylonisches Sprachengewirr. Neptun, von Bartolomeo Ammannati 1576 aus einem Marmorblock gehauen und zur Brunnenfigur geworden, schaut zu David herüber, wie dieser die tausend Blicke täglich in all seiner Nacktheit wohl verkraftet.

Eine Japanerin stellt sich auf eine Metallscheibe im Boden, um sich vor dem David fotografieren zu lassen. Sie steht unwissentlich exakt an der Stelle, an der 1498 Girolamo Savonarola als Ketzer verbrannt wurde – der kämpferische Mönch, der den Lebenswandel von Adel und Klerus kritisierte und dessen Ideen Michelangelo zugetan war. Eine Schulklasse gesellt sich zum Gewimmel, »halb München ist ein Nachbau von Florenz«, verkündet der Lehrer seinen Abiturienten: Die Residenz sei ein kleinerer Palazzo Pitti, die Feldherrnhalle eine Kopie der Loggia dei Lanzi. Warum habe man das damals gemacht? »Weil man fand, dass das hier von einer nicht mehr zu überbietenden Schönheit ist«, begeistert er sich. Die Schüler blicken umher.

Woher die Besucher auch kommen, diese Sprache verstehen alle: die der Schönheit

Der David, den sie hier auf der Piazza sehen, ist nur eine Replik. Das Original steht zu seinem eigenen Schutz

überwacht und überdacht in der Galleria dell'Accademia. Sogar an schönen Tagen – und bei Regenwetter sowieso – stehen Besucher bis zu drei Stunden in der Schlange, um einen Blick auf den unvergleichlichen Jüngling werfen zu können.

Ein schöner Rücken: Aus einem drei Meter hohen Marmorblock meißelte Michelangelo, damals gerade mal Mitte 20, den selbstbewussten David

Der größte Unterschied zwischen Kopie und Original ist augenfällig: Der eine David ist schmutzig, der andere sauber – er wurde zum 500. Jahrestag, also sozu-sagen zu seinem eigenen Geburtstag, restauriert. Den zweiten Unterschied spüren wir mehr, als dass wir ihn sehen könnten. Wir ahnen, warum dieser David Kunst ist, es aber nur eines guten Kunsthandwerkers bedarf, um eine ordentliche Kopie herzustellen.

Man stelle sich das vor: Michelangelo, gerade mal Mitte 20, steht vor einem über drei Meter hohen Marmorblock – und fängt einfach an. Meißelt in Übergröße perfekte Proportionen heraus. Er schuf mit dem David etwas für seine Zeit völlig Neues: Seit der Antike hatte es keine monumentalen Nackt-Skulpturen gegeben. Der große Knabe ist beeindruckend, nicht nur wegen seiner dominanten Blöße. Entspannt und angespannt zugleich steht er da, das rechte Beine fest auf die Erde gestellt, doch in der rechten Hand hält er schon den Stein, mit dem er den übermächtigen Gegner zerstören wird. Im beginnenden Humanismus war Florenz das Zentrum. In der neuen Zeit nimmt der Mensch selbstbewusst sein Schicksal in die Hand. Wie dieser David.

Seit der Antike hatte es keine monumentalen Nackt-Skulpturen mehr gegeben

Der dritte David steht auf der Piazzale Michelangelo. Sie wurde gebaut, als Florenz ab 1865 nach der Einigung Italiens für sechs Jahre Hauptstadt war. Obwohl ich schon oft in Florenz war, muss ich auch dieses Mal wieder hier hinauf – der Blick ist einmalig. Die Stadt schmiegt sich in die Biege des Arno, im Fluss spiegelt sich der Ponte Vecchio. Natürlich stehen hier viele Besucher aus Japan

Der Ponte Vecchio wurde im 14. Jahrhundert über den Arno gebaut. In den Läden auf der Brücke arbeiteten früher Gerber und Schlachter, heute sind es vor allem Goldschmiede

und Amerika, wer wollte es ihnen verdenken? Wenn man zehn Highlights in Europa benennen müsste, der Blick von der Piazzale Michelangelo auf Florenz wäre eines davon. Die Japaner fotografieren sich alle erst vor dem Stadtpanorama, dann vor dem grünlich patinierten David im Sonnenuntergangslicht. Junge Menschen sitzen auf der Brüstung, ein älteres Liebespaar hat sich auf den Treppenabsatz zu Füßen des »Davide«, wie ihn die Italiener nennen, hingesetzt und hält Händchen.

Goethe hatte Florenz einst nur eilig durchlaufen, »den Dom, das Baptisterium«, er zählt sie nur hastig auf, ihn zieht es nach Rom. Wir aber nehmen uns Zeit, steigen hinauf auf die Kuppel des Doms, um von dort über die Stadt zu träumen. Man muss ziemlich viele Treppen steigen, 463 Stufen sind es, es wird klaustrophobisch eng in der Doppelwand der Kuppel. Was aber den großen Vorteil hat, dem Getümmel unten rund um den Dom entkommen zu sein. Den Aufstieg wollen sich nicht viele zumuten. Die großartige Kuppel hatte Brunelleschi 1434 fertiggestellt. Ob auch Michelangelo schon hier oben stand und sich inspirieren ließ?

»Il Divino«, der Göttliche – so wurde Michelangelo im 16. Jahrhundert von seinem ersten Biografen Giorgio Vasari, Hofmaler der Medici, genannt. Er setzte damit als Erster eine idealisierte Vorstellung des Menschen Michelangelo in die Welt, die sich bis heute gehalten hat: der sensible Künstler, ein Spielball der Mächte, der Päpste; so zeichnet ihn auch der Roman von Irving Stone. »So, als Abgott, sah ich ihn auch«, meint Regina Hahnel. Das habe sich mit den Jahren relativiert, heute erscheine er ihr menschlicher, mit Schwächen und Fehlern. Kein einfacher Charakter. Aber welches Genie ist schon umgänglich, alltagstauglich, kommunikativ und bringt den Müll runter? Eben.

Ein Blick genügt – und man weiß, warum Michelangelo »Il Divino« genannt wurde

Magische Orte: zu Füßen des bronzenen David auf der Piazzale Michelangelo und der Blick von der Kuppel des Doms auf den Campanile *(rechts)*

ADRESSEN

MICHELANGELO IN FLORENZ

• **David I**

Das Original: Es steht seit 1873 zu seinem eigenen Schutz in der Galleria dell'Accademia.

• **David II**

Die Kopie: recht ordentliche Replik auf der Piazza della Signoria.

• **David III**

Der Nachbau in Bronze: in der Mitte der Piazzale Michelangelo, einem der schönsten Aussichtsplätze über die Altstadt.

• Um stundenlanges Schlangestehen in den Museen zu vermeiden, empfiehlt es sich, Eintrittskarten vorher zu reservieren.
Firenze Musei
Tel. 0039/055294883
Mo. bis Fr. 8.30 bis 18.30, Sa. 8.30 bis 12.30 Uhr

• **Galleria dell'Accademia**

Die ehemalige Kunstschule Accademia delle belle arti wurde 1784 von Großherzog Leopold gegründet (der auch die Thermen von Montecatini ausbauen ließ). Unter einer Glaskuppel stehen hier der Original-David sowie weitere Meisterwerke Michelangelos, etwa ein Marmorbildnis des Apostels Matthäus, grob gehauen, fast noch im Marmorblock gefangen, und vier Sklaven-Skulpturen.
Via Ricasoli 58–60
50122 Florenz
Tel. 0039/0552388609
Fax 0039/0552388764
www.polomuseale.firenze.it/musei/accademia/
Öffnungszeiten: Di. bis So. 8.15 bis 18.50 Uhr

• Medici-Kapellen

Die Kirche San Lorenzo galt als die Hauskirche der Medici, das Fürstengeschlecht ließ sich ab dem 15. Jahrhundert dort beisetzen. 1520 begann Michelangelo mit dem Bau der Neuen Sakristei, die die Grabkapelle werden sollte, er entwarf zahlreiche Skulpturen, vollendete aber nur einige sowie die allegorischen Figurenpaare »Tag« und »Nacht«, »Morgen« und »Abend« und die anrührende Madonna mit dem Kind. In einem kleinen Raum unter der Apsis hat Michelangelo Skizzen direkt auf die Wände gezeichnet.

Via Madonna degli Aldobrandini 6
50123 Florenz
Tel. 0039/0552388602
Öffnungszeiten: tgl. 8.15 bis 17 Uhr, jeden zweiten und vierten Sonntag des Monats geschlossen, ebenso jeden ersten, dritten und fünften Montag

• Nationalmuseum Il Bargello

Seit 1859 ist im ehemaligen Gerichtsgebäude das Nationalmuseum untergebracht mit Meisterwerken von Brunelleschi, Donatello und Michelangelo, unter anderem »Bacchus mit Satyr« und »Tondo Pitti«.

Via del Proconsolo 4
50122 Florenz
Tel. 0039/0552388606
Öffnungszeiten: tgl. 8.15 bis 13.50 Uhr, jeden zweiten und vierten Montag sowie ersten, dritten und fünften Sonntag geschlossen

Helden fürs Fensterbrett: Mini-Davids zum Mitnehmen gibt es an allen Souvenirständen der Stadt

• Dombaumuseum

Das Museo dell'Opera dell Duomo zeigt Originalskulpturen aus Dom und Baptisterium. Neben der unvollendeten Pietà Michelangelos sind die Paradiespforte des Baptisteriums, Maria Magdalena von Donatello sowie die Sängertribünen von Donatello und Luca della Robbia zu sehen.

Piazza Duomo 9
50122 Florenz

Tel. 0039/0552302885
Öffnungszeiten: Mo. bis Sa. 9 bis 18.50, So. 9 bis 13 Uhr

Alles Fassade: Der Dom ist ein romanisch-gotisches Gotteshaus, ab dem 12. Jahrhundert gebaut; die eindrucksvolle Außenwand wurde erst im 19. Jahrhundert davor montiert

• Casa Buonarroti

Michelangelo-Museum, Gedenkstätte sowie Forschungszentrum. Michelangelo erwarb das Grundstück zwischen 1508 und 1514 und regte einen Neffen später dazu an, ein Haus zu bauen. Er selbst wohnte nie darin. Zur Sammlung der Buonarroti gehören römische Statuen, etruskische Urnen, Stelen und Bronzestatuen sowie Bildnisse Michelangelos. Im Obergeschoss sind zwei bedeutende Frühwerke zu sehen, das Relief der »Madonna della Scala« und die »Kentaurenschlacht«; Michelangelo war erst 16, als er das Halbrelief in Marmor meißelte. Ein Modell zeigt den Wagen, in dem 1873 der Original-David von der Piazza della Signoria in die Accadmia gezogen wurde.
Via Ghibellina 70
50122 Florenz
Tel. 0039/055241752
www.casabuonarroti.it
Öffnungszeiten: tgl. außer Di. 9.30 bis 14 Uhr

ÜBERNACHTEN

• Pucci Suites

Jenseits der Arno, unweit des Ponte Vecchio, wurden in ein ehemaliges Kloster zehn Appartements eingebaut mit kleinem Garten und Parkplatz (wichtig!). Sie sind geräumig und haben jeweils eine Küche. Es gibt auch Frühstück in einem kleinen Häuschen im Garten. Man kann zu Fuß in die Innenstadt gehen und ist doch etwas entfernt vom Trubel der Stadt. Unweit des Doms liegt außerdem ein Hotel der gleichen Betreiber, die Residenza dei Pucci, in einem Haus aus dem 19. Jahrhundert. **€€**
Via Romana 61 bzw. Via dei Pucci 9
50125 bzw. 50122 Florenz

Alle Gassen führen zum Dom. Oder zu Geschäften mit Florentiner Mode. Oder in die nächste Bar

Tel. 0039/055220528 bzw. 0039/055281886
Fax 0039/0552337157 bzw. 0039/055264314
www.residenzadeipucci.com

• La Scaletta

Ohne Reservierung wird man in der Hauptsaison hier kaum unterkommen: Im Obergeschoss eines unscheinbaren Hauses zieht sich das Bed & Breakfast himmelwärts, zwei Außenterrassen überbieten sich mit Rundumblicken. Es ist nahe an der Innenstadt gelegen, aber eine so ruhige Oase, dass mancher gehmüde Urlauber einfach mal ein paar Stunden mit einem Buch und einem Glas Wein verbringt, umfächert vom milden Wind über den Dächern der Stadt. **€**
Via Guicciardini 13
50125 Florenz
Tel. 0039/055283028
Fax 0039/055283013
www.hotellascaletta.it

ESSEN & TRINKEN

• Al Tranvai

In hellen, kleinen Räumen gibt es typisch toskanische Spezialitäten wie Kuttelsalat oder Herz mit grüner Soße, außerdem üppige Salate und wunderbaren Nusskuchen. Beliebter Treffpunkt der Einheimischen im angesagten Viertel San Frediano (nahe den beiden Übernachtungstipps). Das liegt Oltrarno, jenseits des Arno also, etwas westlich der Boboli-Gärten. Traditionell war es ein Arbeiterviertel, von den unzähligen kleinen Werkstätten haben sich viele gehalten. Heute wird es auch als das Rive Gauche von Florenz bezeichnet, in viele Werkstätten sind Künstler eingezogen.
Piazza Torquato Tasso 14r
50124 Florenz
Tel. 0039/055225197
Sa. und So. geschlossen

• Alla Vecchia Bettola

Deftig-toskanische Küche im Viertel San Frediano in einem rustikalen Innenraum, wenige Sitzplätze draußen an der Straße. Das Lokal ist so beliebt, dass immer eine Schlange vor der Tür wartet, doch man bekommt schon mal ein Glas Wein und ein paar Crostini, quetscht sich auf einem Bänkchen dazu und freut sich auf den Abend.

Viale Vasco Pratolini 3/5/7
50124 Florenz
Tel. 0039/055224158
So. und Mo. geschlossen

»Alte Kaschemme« muss sich das Lokal schimpfen lassen – »Vecchia Bettola« heißt nichts anderes

• Hosteria da Ganino

Nur wenige Schritte vom Dom versteckt; hier essen mittags Florentiner aus den nahen Büros. Man kann eine recht mächtige Lasagne vertilgen, wird dann aber nach Grappa lechzen, oder aber einfache Salate oder Bruschette, mit frischen Tomaten belegte geröstete Brotscheiben.

Piazza dei Cimatori 4
50122 Florenz
Tel. 0039/055214125
So. geschlossen

• Casa del Vino

Bar in der nördlichen Altstadt mit den besten Weinen der Toskana. Gegen Nachmittag kommen die Florentiner, genießen ein »bicchiere«, ein Gläschen, und naschen an hausgemachten Häppchen. Im Stehen – denn Sitzplätze gibt es so gut wie keine.

Via del'Ariento 16r
50123 Florenz
Tel. 0039/05525609
www.casadelvino.it
Mo. bis Fr. 9.30 bis 15.30 und 17.30 bis 20 Uhr; Sa. 10 bis 15.30 Uhr
So. und im August geschlossen

• Cantinetta Antinori
Weinbar im Palazzo einer Weinbauernfamilie. Unter alten Gewölbedecken werden zu kleinen Häppchen großartige Weine serviert – jeden davon kann man auch kaufen.
Piazza degli Antinori 3
50123 Florenz
Tel. 0039/055/292234

Schnelle Verbindung: Unterm Kronleuchter surfen die Gäste im Moyo im Internet, bei einem Cocktail oder Cappuccino

• Mario
Die Brüder Colzi kochen echte Florentiner Leckereien wie die herzhafte »Ribollita«, eine dicke Suppe mit Brot, Gemüse und geriebenem Parmesan. An simplen Tischen ohne Schnickschnack sitzen alle zusammen: Adelsdamen und Models, Marktfrauen und Reisende, die das echte Florenz suchen – und hier gefunden haben.
Via della Rosina 2r
50123 Florenz
Tel. 0039/055218550
Mo. bis Sa. 12 bis 15.30 Uhr

• Moyo
Unweit der Piazza della Signoria liegt dieses moderne Lokal mit WLAN-Zugang, das bedeutet: Hier sitzen viele junge Menschen mit Laptops, aber auch Geschäftsleute, die zum Mittagessen kommen. Gestyltes, angenehmes Ambiente, eine Oase im Pizza-Nepp der Innenstadt, der Cappuccino kostet reelle zwei Euro und nicht 4,50 Euro wie auf den schicken Plätzen. Leichte Mittagsmenüs gibt es bis 17 Uhr, bis drei Uhr morgens ist es eine Cocktailbar.
Via de Benci 23r
50122 Florenz
Tel. 0039/0552479738
www.moyo.it

Ambrosianer, Benediktiner,
Franziskaner, Zisterzienser:
Die Zahl der katholischen
Orden ist unüberschaubar.
Nach Assisi wollen alle

Arezzo • Perugia • Assisi

Begnadete Kirchen

Zu den Gotteshäusern in Mittelitalien kommen Pilger aus aller Welt. Und Kunstinteressierte auf den Spuren von Giotto, Piero della Francesca und des Heiligen Franziskus

Die Wahrheit ist ja: Es gibt höchstwahrscheinlich in jedem noch so winzigen Dorf in Italien eine Kirche, die man einmal in seinem Leben besucht haben muss. Weil sich in der Apsis ein mehrhundertjähriges Fresko befindet, das Chorgestühl ein Schnitzkunstwerk ist, in der Krypta die Fingerknöchelchen eines bedeutenden Heiligen verehrt werden oder über einem unscheinbaren Seitenaltar ein Meisterwerk hängt. Nur: Wir können einfach nicht in jedem Dorf in jede Kirche gehen. So haben wir uns das Thema für diese Etappe reserviert, weil in der südlichen Toskana und in Umbrien ein paar besonders rühmenswerte Gotteshäuser zu finden sind.

AREZZO: DIE MYSTISCHEN FRESKEN DES PIERO DELLA FRANCESCA

HINKOMMEN

Schön (und kurvenreich) ist die Route durch das Casentino, eine waldreiche Bergregion südöstlich von Florenz: Von Florenz auf der SS67 nach Pontassieve (15 km), weiter Richtung Osten auf der SS70, ab Bibbiena auf der SS71 nach Arezzo. Gesamtstrecke: ca. 75 km

Schnellere Alternative: Von Florenz auf der A1 Richtung Rom, Ausfahrt Arezzo (65 km) und auf der SS73 nach Arezzo (11 km)

»Achtung, wir sind von der ›sovrintendenza‹, wir kommen jetzt die Leiter hoch!« Als dieser Ruf durch den Chorraum von San Francesco in Arezzo schallte, fiel den Restauratoren vor Schreck fast der Pinsel aus der Hand. Die »sovrintendenza« ist das Schreckenswort aller, die in Italien mit baulicher Kultur zu tun haben, nur vage zu übersetzen mit »Amt für Denkmalschutz«. Zum 500. Todestag des Malers wurden 1992 die Fresken Piero della Francescas renoviert, und so stieg also ein älterer Herr die Leitern hinauf. Doch als er seinen markanten Kopf heraufstreckte, wurde er natürlich gleich erkannt: Es war Dario Fo, Theaterautor, Regisseur, Schauspieler; und die Restauratoren fühlten sich nach dem ersten Schreck geehrt, dass »ihr« Nobelpreisträger sich für ihre Arbeit interessierte. Die sie großartig ausführten.

In Arezzo bemalte Piero della Francesca ab etwa 1452 drei Seiten des Chorraumes der Kirche. Wer bisher glaubte, es sei ausschließlich ein Merkmal moderner Kunst, kryptisch und nur Eingeweihten ver-

ständlich zu sein, der stelle sich in diesen Vorraum. Er wird schöne Bilder sehen, ein Hauptwerk der italienischen Frührenaissance – aber er wird wenig verstehen. Della Francesca malte in seinem Freskenzyklus die »Legende vom Heiligen Kreuz«: Als Adam stirbt, wächst aus seinem Grab ein Baum, aus dessen Holz schließlich, wie von der Königin von Saba verkündet, das Kreuz geschnitzt wird, an dem Christus stirbt. Den Hintergrund bildet nicht mehr wie im Mittelalter ein tiefes Blau mit goldenen Sternen, sondern eine reale Landschaft. Wie eine Stadtansicht Arezzos als himmlisches Jerusalem.

Auf der schiefen Piazza Grande in Arezzo findet jeden Monat ein Markt für Antiquitäten statt. Neben dem Rathaus: die Rückseite von Santa Maria della Pieve

Aha, denken wir: Auf dem Bild links hinten ist also Maria Verkündigung dargestellt, ein Engel kniet vor einer Frau, was wird er ihr anderes zu sagen haben als »Fürchte dich nicht, Maria«. Falsch gedacht, denn der Engel trägt nicht die bei der Verkündigung ikonografisch vorgeschriebene Lilie, sondern eine Palme. Was wollte uns der Künstler damit sagen? »Das Detail zeigt nicht die Verkündigung, sondern Maria Empfängnis«, erklärt die Fremdenführerin – was etwas völlig anderes ist, am 8. Dezember gefeiert wird und besagt, dass Maria selbst bereits rein, ohne Erbsünde, gezeugt, also empfangen wurde. Das Mariendogma der katholischen Kirche. »Man sieht nur was man weiß«, das stellte schon Goethe auf seiner italienischen Reise fest.

Warum trägt der Engel eine Palme? Was wollte uns der Künstler sagen?

Für uns heute ist das kompliziert, weil wir nicht mehr vertraut sind mit den Bibelgeschichten, die zu Lebzeiten Piero della Francescas in Herz und Hirn der Kirchenbesucher lebendig waren wie die Geschicke ihrer Nachbarn. Als eines der berühmtesten Details gilt die Nachtszene mit dem Traum des Konstantin. Der Kaiser träumte vor der entscheidenden Schlacht um Rom vom Kreuz, gewann und konvertierte danach zum Christentum. Doch was das Fresko anbelangt, stellte sich nach der Restaurierung heraus, dass es auf dem Bild nicht wirklich dunkel ist, sondern Morgenröte den Himmel erhellt. Auf einem anderen Fresko ist die Königin von Saba dargestellt, die König Salomon die Hand reicht.

Bedeutende Kunstwerke finden sich im Dom San Donato, wie ein Fresko der Maria Magdalena von Piero della Francesca

Arezzos zauberhaftes geschlossenes Ortsbild und die berühmte, schräg abfallende Piazza Grande dienten dem toskanischen Regisseur Roberto Benigni als Kulisse seines berührenden Films über eine italienisch-jüdische Familie während der Zeit Mussolinis. »Das Leben ist schön«, behauptete der Regisseur, dessen Vater im KZ Bergen-Belsen interniert war. An vielen Plätzen Arezzos sind Fotos aus dem Film ausgestellt mit der Schilderung der Szenen. So hing im Café schräg gegenüber der Franziskus-Kirche ein Film-Schild: »Eintritt für Juden und Hunde verboten«. Benigni erklärt seinem Film-Sohn eine fromme Lüge: Das habe nicht viel zu bedeuten, jeder könne ja in sein Lokal reinlassen, wen er wolle. Neulich sei er mit einem chinesischen Freund unterwegs gewesen, der hatte ein Känguru, »wir wollten in einen Laden, da stand aber: Keine Chinesen und keine Kängurus – was soll man machen?!«

Wir schlendern weiter durch den Ort, landen schließlich ganz oben, vor dem gotischen Dom San Donato. Dort stehen am Seiteneingang zwei rote Porphyrsäulen, es sind einige der wenigen Reste aus Arezzos römischer Zeit. In dieser Region gibt es keinen Kalk, somit auch keinen Gips. Deshalb wurde im Mittelalter aller Marmor, der in römischen Ausgrabungen gefunden wurde, zerrieben und zu Kalk gebrannt. Wer sich wundert, warum der Dom von Arezzo außen so kahl und unfertig wirkt, fahre weiter nach Perugia ...

Schlichte Schönheit: der Dom San Donato in Arezzo, fertiggestellt im Jahr 1510

PERUGIA: GESTOHLENE RELIQUIEN, GESTOHLENE HERZEN

... und betrachte hier den Dom: Auf der Schauseite ist die Cattedrale di San Lorenzo mit einer Verkleidung aus rosa und weißem Marmor geschmückt. Der wurde 1335 vom Dom in Arezzo entwendet und hier in Perugia angebracht.

Es ist, man muss es ehrlich sagen, nicht das einzige Diebesgut im Dom der Hauptstadt von Umbrien. Das berühmteste Kleinod der Stadt ist ein Fingerring aus Onyx, genannt Sant'Anello, der Heilige Ring. Es soll sich dabei um den Verlobungsring der Muttergottes handeln, die Reliquie ruht seit 1473 in einer Seitenkapelle des Doms. Damals brachte ihn ein deutscher Franziskanermönch nach Perugia, als Beutekunst jedoch:

HINKOMMEN

Von Arezzo auf der SS71 über Castiglion Fiorentino zum Nordufer des Lago Trasimeno (30 km), landschaftlich schön am See entlang auf der autobahnähnlichen SS75 bis nach Perugia (60 km)

Die perfekte Kulisse: Fassade und Treppe *(rechts)* am Dom in Perugia, auf der sich abends ein besonderes Theaterstück abspielt – das Leben

Er hatte ihn Priestern in Chiusi gestohlen, die den Ring 500 Jahre aufbewahrt hatten. In der Kapelle links vom Haupteingang wird der Ring nun von einem Altarbild gekrönt, »Die Vermählung der Jungfrau Maria« des Malers Pietro Vannucci, genannt Perugino. Aber, Auge um Auge, Zahn um Zahn – das Original kam irgendwie abhanden und gelangte nach Frankreich, über dem gestohlenen Ring sieht man nur eine Kopie des Bildes.

Von gestohlenen Ringen ist auf den Treppen des Doms wenig die Rede, viel mehr hingegen von geraubten Herzen. In jeder Nacht, die sommerlich genug erscheint, sitzen auf den Treppen junge Menschen, dicht gedrängt und erwartungsvoll, als begänne gleich ein Konzert (im Sommer gibt es hier tatsächlich das Jazz-Festival »Umbria Jazz«). Aber es ist das Leben, das sie da so voller Hoffnung herbeiwarten.

Die Ausländeruniversität von Perugia zieht Studierende aus der ganzen Welt an, hier belegen junge Araber einen Crash-Kurs, um die Aufnahmeprüfung zum Medizinstudium in Italien zu schaffen, Töchter aus deutschen Städten lernen alles über italienische Literatur in der Originalsprache, bevor sie sich für ein Studienfach zu Hause entscheiden, und auch Ältere sitzen in den Seminaren, um doch noch zu lernen, was ihnen früher verwehrt war. Sehr fleißig sind Opernsängerinnen, die für ihre Arien die Aussprache von »Or sai chi l'onore« oder »La ci darem la mano« verbessern wollen, je nach Stimmlage und Temperament. Amerikaner plagen sich mit dem rollenden »r«, Spanier mit den harten Konsonanten, und zur Freude der Jünglinge von Perugia kommen auch junge Skandinavierinnen hierher. Und alle zieht es auf die breite Domtreppe. Da sitzen sie mit Bier aus Plastikbechern einer nahen Bar und werfen mit Blicken um sich. Und über all dem Lärm und dem Lachen schwebt eine Sehnsucht durch die Nacht.

Wo Opernsängerinnen die Aussprache üben und Amerikaner Italienisch lernen

Andacht und Stille in Assisi: In der Morgendämmerung, wenn die ersten Gläubigen zur Frühmesse aufbrechen, hat der Ort noch seine weihevolle Atmosphäre

Glückwunsch! Emma und Joshua hatten einen Traum: heiraten in Assisi. Und haben es soeben getan

ASSISI: DAS VERMÄCHTNIS DES HEILIGEN FRANZISKUS

Die Erfüllung dieser Sehnsucht haben Joshua und Emma gefunden, und sie feiern dies in Assisi. »Auguri, auguri, Glückwunsch!«, rufen drei italienische Damen, beleibt und betagt beugen sie sich über die Balustrade, winken hinunter zu dem schönen Paar, das aussieht wie aus einer Kulisse geschlüpft. Die Braut trägt ein bodenlanges, cremeweißes Kleid, sie hat ihre rotblonden Haare aufwändig um den Kopf drapiert. Das junge Glück schwebt den Vorplatz der Basilica di San Francesco hinunter. Eine der Damen hat gar Tränen in den Augen, so gerührt ist sie. »Wie Romeo und Julia!«

Joshua und Emma Sorraghan stammen aus Australien, leben jetzt in London – warum heiraten sie ausgerechnet in Assisi? Emma ruft überglücklich die Antwort: Ein Kindheitstraum! Als Mädchen habe sie in Australien im Fernsehen eine Hochzeit in Assisi gesehen und seit damals gewusst: Genau so wolle sie einmal heiraten. Ihre Hochzeitsfeier auf der Terrasse des Hotels Subasio vereint Kulturen. Viele der Männer tragen Kilts, »spectacular« sei es gewesen, als sie damit durch den Ort liefen, erzählen sie. Dabei sollte man doch gerade hier an Männer in Röcken gewöhnt sein – wenn auch der Habit der Mönche das Knie bedeckt.

An edler Kleidung hatte es Franziskus, 1182 in Assisi geboren, nicht gefehlt, sein Vater war ein reicher Tuchhändler. Doch eines Tages warf Franziskus in aller Öffentlichkeit seine Kleidung ab und legte eine raue Schäferkutte an. Der Begründer des Bettelordens predigte Armut, lebte sie auch selbst, tat Wunder und Gutes. Und er schrieb Gebete, die Gedichten ähnlich waren – »seines hellen Herzens war kein Ende« (Rilke).

Alles das ist wunderschön zu sehen in den Fresken der »babylonisch übereinandergetürmten Kirchen, wo der heilige Franziskus ruht«, wie Goethe schrieb.

HINKOMMEN

Von Perugia auf der SS75 bis nach Ponte Giovanni (7 km), dort auf die SS75, nach etwa 30 km Richtung Assisi abbiegen

Ein erhabener Ort: Assisi liegt am Abhang des Monte Subasio und wurde schon von den Römern gegründet

Auf seinem Weg nach Rom interessierte ihn vor allem die Antike, und so strebte er in Assisi nur dem römischen Minerva-Tempel zu. Den Kirchen- und Klosterkomplex von San Francesco ließ er links liegen und verpasste die wohl bedeutendsten Frührenaissance-Malereien: Der Giotto-Zyklus in der Oberkirche über das Leben des Heiligen Franziskus entstand um 1300, aber ob er wirklich von diesem Maler stammt, ist nicht eindeutig geklärt. Auch in der Grabeskirche erzählen Fresken die Lebensgeschichte des Asketen: Wie ein Bischof den Mantel um ihn legt, als er sich seiner weltlichen Kleidung entledigt, und ihn somit in die Kirche aufnimmt. Wie er die Stigmata, die Wundmale Jesu, erhält. Und wie er den Vögeln predigt.

Franziskus starb 1226 und wurde – santo subito! – zwei Jahre später heiliggesprochen. Am Tag nach der Heiligsprechung legte der damalige Papst den Grundstein zur San-Franceso-Kirche in Assisi. Bald darauf wurde der Heilige, der zunächst in einer heute nicht mehr existierenden Kirche bestattet worden war, umgebettet. Um den Raub der kostbaren Reliquie zu verhindern, geschah dies heimlich. Die Stelle des Grabes geriet in Vergessenheit, erst 1818 wurde es in der Unterkirche entdeckt.

Schon frühmorgens strömen die ersten Besucher in die Kirche, nur zu dieser Uhrzeit hat der ganze Ort noch etwas Weihevolles. Da sieht man Gruppen afrikanischer Mönche in bodenlangen weißen Gewändern und Schwestern aus asiatischen Ländern in grauer Tracht. Bald kommen die ersten Busse mit Touristen und Pilgern, was eigentlich keinen großen Unterschied macht. War doch vor allem in früheren, weniger mobilen Zeiten das Pilgern eine der wenigen Möglichkeiten, den Heimatort einmal zu verlassen, um sich ein bisschen was von der Welt anzusehen. Wenn es dann auch noch dem Seelenheil diente, umso besser.

Wunder tun, den Vögeln predigen: das Leben eines Heiligen in Bildern

Die kunstvollen Loggien des Baumeisters Giorgio Vasari begrenzen die Piazza Grande in Arezzo

ADRESSEN

FASZINIERENDE KIRCHEN

• Basilica di San Francesco in Arezzo

Die Franziskanerkirche von Arezzo ist ein schlichter Backsteinbau. Die Fresken in ihrem Inneren aber wurden so berühmt, dass schließlich der Maler nach seinem Werk benannt wurde: Piero della Francesca. Ab etwa 1452 bemalte er drei Seiten des Chorraumes mit der »Legende vom Heiligen Kreuz«.

Piazza San Francesco
52100 Arezzo
Informationen zu Führungen beim Fremdenverkehrsamt:
APT Arezzo
Piazza Risorgimento 116
52100 Arezzo
Tel. 0039/057523953
www.apt.arezzo.it

• Dom San Donato in Arezzo

Zwar gilt der Dom als Musterbeispiel gotischen Stils, die Bauzeit zog sich vom Ende des 13. bis zum frühen 16. Jahrhundert hin. Doch die »gotische« Fassade kam erst um 1900 dazu. Im Inneren findet sich ein weiteres Fresko von Piero della Francesca, eine Maria Magdalena links vom Altar. Am schönsten aber ist das Licht im Dom, vielfarbig gebrochen durch die Glasfenster aus dem Ende der Bauzeit, gefertigt von dem französischen Künstler Guglielmo de Marcillat. Der Dom steht am höchsten Punkt der Stadt, man folgt einfach den Gassen bergauf.

• Santa Maria della Pieve in Arezzo

Die Pfarrkirche steht an Arezzos schönstem Platz, der Piazza Grande, wendet ihr allerdings den Rücken zu – beziehungsweise die Apsis. Terrakotta-Figuren an der

Eingangspforte stellen die Monate dar. Zum Dezember wird ein Schwein geschlachtet, und zwar – wie deutlich zu erkennen – eines der Rasse Cinta Senese mit einer weißen Zeichnung rund um den Bauch, eben wie ein Gürtel, eine cinta. Diese Rasse war fast ausgestorben, nun ist sie der Inbegriff edler Schinken aus der Toskana.

Logenplatz: Blick von den Rathaustreppen in Perugia auf die Piazza IV Novembre und die Fontana Maggiore

• Cattedrale di San Lorenzo in Perugia

Der Grundstein für den Neubau des Domes wurde zwar schon 1345 gelegt, richtig losgebaut wurde aber erst ab 1437. Seine Wirkung entfaltet dieses Gotteshaus als Teil eines genialen Ensembles: Ihm gegenüber liegt der Palazzo dei Priori, das Rathaus aus dem 14. Jahrhundert, und dazwischen der mittelalterliche Brunnen, die Fontana Maggiore. Das Herz einer umbrischen Stadt.

Piazza IV Novembre
06100 Perugia
Informationen beim Fremdenverkehrsamt:
Via Mazzini 21
06100 Perugia
Tel. 0039/075575951
Fax 0039/0755736828
www.umbria2000.it

• Basilica Patriarcale di San Francesco in Assisi

Zwei Jahre nach dem Tod des Heiligen 1226 wurde bereits mit dem Bau dieser zentralen Kirche des Franziskaner-Ordens begonnen, in der der Ordensgründer begraben liegt. Sowohl Ober- als auch Unterkirche sind überreich geschmückt mit Fresken. Ob das dem Asketen, der Enthaltsamkeit und Armut predigte, so gefallen hätte? Wie auch immer: Es sind die wohl bedeutendsten Malereien der Frührenaissance.

Öffnungszeiten: Unterkirche von 6 bis 18 Uhr,
Oberkirche ab 8.30 Uhr; Messen ab 7 Uhr
Tel. 0039/075819001
www.sanfrancescoassisi.org

Informationen beim Fremdenverkehrsamt:
Piazza Del Comune 10
06081 Assisi
Tel. 0039/075812534
http://assisi.umbriaonline.com

ÜBERNACHTEN

• Villa I Bossi

Das Haupthaus der rund 800 Jahre alten riesengroßen Landvilla ca. fünf Kilometer von Arezzo hat einen barocken Heckengarten – von den Buchsbäumen, »i bossi«, kommt der Name –, einen Pool und Schlafgemächer mit Fresken; die Garten-Dependance hat moderne, komfortable Doppelbettzimmer. Die Geschichte der freundlichen Gastgeberfamilie geht bis ins 9. Jahrhundert zurück. Herzogin Francesca Albergotti gibt auch Kochkurse und backt morgens frischen Obstkuchen. **€€**
Località Gragnone 44/46
52100 Arezzo
Tel. 0039/0575365642
Fax 0039/057964900
www.villaibossi.com

Hotel Subasio in Assisi: Von den Zimmern geht der Blick in die Ebene, von der Terrasse auf die Basilika

• Hotel Subasio

Das Hotel in Assisi ist nicht wirklich preisgünstig, die Einrichtung tendenziell plüschig – aber der Blick ein Traum: Die Terrasse liegt direkt neben der Franziskus-Basilika, und beim Frühstück sieht man weit ins umbrische Land sowie auf den steilen Weg, auf dem Pilger heraufsteigen nach Assisi. **€€€**
Via Frate Elia 2
06082 Assisi
Tel. 0039/075812206
Fax 0039/075816691
www.hotelsubasio.com

Die »babylonisch übereinandergetürmten Kirchen« von Assisi beschrieb schon Goethe auf seiner italienischen Reise

• Le Silve di Armenzano

Das Familienanwesen liegt abgeschieden am Hang des Monte Subasio oberhalb von Assisi, Teile des Hauses sind aus dem 11. Jahrhundert. Die Zimmer wirken fast klösterlich mit den Möbeln in schlichten Formen, gediegen dagegen die Lobby mit schweren Ledermöbeln. Man kann entweder im Haupthaus, dem Romantik-Hotel wohnen, oder in Appartements in kleinen Agriturismo-Häusern. Im Restaurant wird mit eigenen Produkten gekocht, von Safran bis Olivenöl. **€€**

06081 Assisi
Tel. 0039/0758019000
Fax 0039/0758019005
www.lesilve.it

• La Gioia Country House

Das Ehepaar Aerni-Kühne hat diese 300 Jahre alte Ölmühle zu einem Landhotel umgebaut und dabei das Beste aus seinem vorigen, Schweizer Leben mit eingebracht. Marianne führte einen Laden mit Einrichtungsstoffen, und die Diogenes-Bibliothek haben die Gäste Daniel zu verdanken. Es gibt einen Pool, elf Zimmer und vor allem viel Ruhe. La Gioia liegt ca. 40 Kilometer südlich von Assisi und 15 Kilometer nordwestlich von Spoleto (s. nächstes Kapitel). **€€**

Colle del Marchese
06044 Castel Ritaldi
Tel. 0039/0743254068
Fax 0039/0743254046
www.lagioia.biz

ESSEN & TRINKEN

• Antica Trattoria da Guido

Im rustikal eingerichteten Lokal unweit der Kirche San Francesco in Arezzo essen auch Einheimische gern die regionalen Spezialitäten: Familie Fortunato tischt Kutteln,

Internationales Publikum, regionale Küche: Die Osteria Il Gufo in Perugia ist beliebt bei Studenten der Ausländeruniversität

hausgemachte Nudeln mit Enten- oder Hasenragout und im Herbst köstliche Steinpilzgerichte auf.
Via Madonna del Prato 85
52100 Arezzo
Tel. 0039/057523760
www.anticatrattoriadaguido.it
So. geschl., jedoch während des Antiquitätenmarktes (jedes erste Wochenende im Monat in den Gassen und auf den Plätzen Arezzos) geöffnet

• La tua Piadina

»Dein Fladenbrot« bedeutet der Name dieses kleinen, nur tagsüber geöffneten Stehimbisses in Arezzo. Hier treffen sich Schüler und Geschäftsleute, essen mittags einen Wrap zum Beispiel mit Auberginen, Radicchio und Käse.
Via dei Cenci 18
52100 Arezzo
Tel. 0039/057523240

• Osteria Il Gufo

Hier führt schon mal die Studentin der Ausländeruniversität in Perugia ihre Eltern zum Essen aus, die auf Besuch kommen. Man sitzt auf einer kleinen Terrasse im Freien, junges Publikum flaniert vorbei. Kleines, günstiges Menü: Ravioli mit Ricotta, Wildschwein mit Fenchel, Pudding.
Via della Viola 18
06122 Perugia
Tel./Fax 0039/0755734126
www.osteriailgufo.it
So. und Mo. geschlossen

• Caffè Sandri

Eine Institution am Corso in Perugia: Nirgends in der Stadt gibt es bessere »cornetti« als in dieser Pasticceria, und so zuvorkommend wie in diesem historischen Café von 1860 wird man auch nicht überall behandelt. Zum Glück kann man ja mehrmals am Tag hier vorbeischauen, morgens zum

Cappuccino mit Hörnchen, im Laufe des Vormittags zum ein oder anderen Espresso am Tresen, nachmittags zum Gläschen Wein und abends zum Aperitif.
Corso Vannucci 32
06100 Perugia
Tel. 0039/0755724112

»Eine Süßspeise ist wie eine Skulptur« sagt Carla Schucani vom Café Sandri. Das Lokal selbst ist schon ein Kunstwerk

Pizzeria I Monaci

Wenn es mal nur eine gute und günstige Holzofenpizza sein soll, sitzt man in diesem rustikalen Lokal richtig. Das wissen auch die einheimischen Jugendlichen.
Via Scalette 10
06081 Assisi
Tel. 0039/075812512

Dekorativ: Novella Nicolini bemalt seit 50 Jahren Deruta-Keramik. *Rechts:* Mit Kaschmir verdiente Brunello Cucinelli genug, um das Dorf Solomeo zu sanieren

Deruta • Todi • Spoleto • Solomeo

Handmade in Italy

Ob Holz, Keramik, Schmuck oder Kaschmir: Umbrien ist ein Zentrum des italienischen Kunsthandwerks. Eine Tour durch bezaubernde kleine Städte und zu Menschen mit ganz besonderen Talenten

Ruhige Hand: »Deruta Raffaelesco« heißt das Muster – nach den symbolischen Verzierungen, die der Renaissance-Maler Raffael am Rand seiner Fresken anbrachte

In Italien geht ein Schreckgespenst um, und das heißt »Made in China«. Italien ist ein Herstellerland. In Gassen und Garagen wird geschmirgelt und gelötet, gewirkt und gewoben, mit viel Liebe – aber preislich kann italienische Ware auf dem Weltmarkt nicht konkurrieren, da kann sie nur die Qualität retten. Seien es die großen Designer für Kleidung, Autos, Lampen oder auch das traditionsreiche Kunsthandwerk, wie es in Umbrien in vielen kleinen Orten gepflegt wird.

DERUTA: BLUMENMUSTER NACH JAHRHUNDERTEALTER TRADITION

Novella Nicolini sitzt auf einem erhöhten Stuhl, die Lesebrille ganz vorne an der Nasenspitze, und greift ohne zu zögern nach einem der gut 30 Pinsel, die vor ihr liegen. »Jeder Strich wird mit einer bestimmten Art von Pinsel aufgetragen«, erklärt sie und fügt mit sicherer Hand einen gelben Tupfer in ein Blumenmotiv ein. Seit 50 Jahren bemalt sie Keramik, »Deruta-Keramik«, wie sie betont. Nach der Mittelschule lernte sie dies in einer der zahlreichen Keramikfabriken der Region, die berühmt ist für diese Art von Teller, Schüsseln und anderen Objekten. 50 Jahre Schüsseln bemalen? »Das ist meditativ«, sagt Novella Nicolini.

Eine klassische »Deruta«, erzählt sie, sei mit zarten, gelb-blauen floralen Motiven bemalt. Diese Muster wurden schon 1280 erwähnt. An der Schale, der sie nun auf dem Drehteller einen sanften Schubs gibt, arbeitet sie seit drei Tagen. Alles bemalt sie direkt vor Ort in ihrem Laden im Zentrum von Deruta. Ihre Tochter hat den gleichen Beruf gewählt und hat auch schon einen eigenen Laden ein paar Schritte weiter. Die Keramikware bekommen sie vorgefertigt, dann wird alles erst einmal weiß grundiert und gebrannt und nach der Bemalung ein zweites Mal gebrannt.

HINKOMMEN

Von Assisi in westlicher Richtung 7 km nach Maria d'Angeli, über eine Brücke über die Schnellstraße N75 weiter durch Costano ca. 11 km ins etruskische Städtchen Bettona. Ca. 10 km über Montagnola und Ponte Nuovo nach Deruta

Teller, Schüsseln, Schalen: In Deruta gibt es Keramik für alle Fälle. Aber Vorsicht: Nicht alles ist handgemacht

Eine Familie aus Rom betritt den Laden. Sie haben eine große Schale bestellt, ob die wohl schon fertig ist? Novella Nicolini holt sie aus dem Untergeschoss, währenddessen sehen die Römer sich um. Ein gigantischer Teller hängt über der Tür, ob sie den auch sehen könnten? Die Malerin steigt beherzt auf einen Stuhl, um das wagenradgroße Stück herunterzuholen. »Das kostet 450 Euro«, sagt sie. Daran hat sie wochenlang gearbeitet.

Geht denn auch mal was zu Bruch? »Jaja, es fällt schon mal was runter«, sagt sie lapidar. Und der Moment, in dem sie den Brennofen öffnet, »das ist der erste Knackpunkt – ist etwas kaputtgegangen?« Der Großteil ihrer Keramik variiert die klassischen, zarten Deruta-Muster, andere Teller sind mit Porträts von Personen aus der Renaissance bemalt, und es gibt auch Kopien von Keramik der Della Robbias. Die waren eine Künstlerfamilie aus der Toskana, die im 15. Jahrhundert in Ton arbeiteten. Berühmt wurden Andrea und Luca Della Robbia für ihre glasierten Relief-Keramiken. Und während Novella Nicolini von der Geschichte der Keramik in Italien erzählt, malt sie mit Engelsgeduld weiter feinste florale und fedrige Motive auf ihre Schale.

Umbrien ist voller Orte, in denen es sich gut leben und arbeiten lässt

TODI: ETRUSKER-SCHMUCK UND EINE FRAU, DIE DAS HOLZ LESEN KANN

Gerade noch zur rechten Zeit sei sie in diese hübsche kleine Stadt gezogen, sagt die gebürtige Florentinerin Luciana Nenciolini. Denn seit im Jahr 1991 ein amerikanischer Architekturprofessor Todi zur Stadt mit der weltweit höchsten Lebensqualität erklärt hat, sind die Immobilienpreise in die Höhe geschnellt. Im perfekt erhaltenen mittelalterlichen Zentrum von Todi streben alle Gassen empor zur Piazza del Popolo, dem Idealbild einer italienischen Piazza: Auf der einen Seite weist die Freitreppe zum Dom Santa Maria hinauf, ans andere Ende hat die weltliche Macht ihre Bauten gesetzt, wie der Palazzo del Popolo, 1220 erbaut.

In der Hauptstraße, dem Corso Cavour – durch den aber auch nur gerade ein einzelner Kleinwagen passt – hat Luciana ihr Laden-Atelier. Hinten feilt und lötet sie, vorne stellt sie ihren Schmuck aus. »Alles unecht«, sagt sie mit gewissen Stolz, »es glitzert und funkelt doch genauso schön.« Luciana fertigt Schmuck nach etruskischen Vorbildern, aber auch vergoldete Ringe und Ketten mit exakt geschliffenen Kristallen, auch nach-

HINKOMMEN

Von Deruta auf der N3 bis nach Todi (35 km)

Handwerk mit Perspektive: Die Intarsienkunst kam mit den Mauren nach Europa, Nefissa Labidi in Todi beherrscht sie meisterhaft

gemachten etruskischen Schmuck. So manche Frau, die nur neugierig hereinschaute, verließ den Laden mit einem funkelnden Unikat am Finger.

Ein paar Häuser weiter, was in Todi gleichbedeutend ist mit: ziemlich weit den Berg hinunter, steht Nefissa Labidi in einem kleinen Raum voller Holzbilder. Wenn sie ihre Handwerkskunst erklärt, hat sie die Bewegungen einer indischen Tänzerin, grazil und geschmeidig, aber wenn sie sich verabschiedet, einen kräftigen Händedruck. Sie trägt Motorradstiefel, die dichten schwarzen Haare mit den grauen Strähnen hat sie lose nach hinten gebunden. Nefissa Labidi, Anfang 40, ist gebürtige Tunesierin, schon als Kind kam sie nach Italien. Sie habe sich schon immer für Kunst interessiert, für Farben, Kombination, aber sie habe nur für sich gemalt und gewerkelt. »Sogar beim Kochen hat mich das interessiert. Haben Sie den Film ›Das Mädchen mit dem Perlenohrring‹ gesehen?« Darin wird das Talent jenes Mädchens entdeckt, weil es in der Küche auf Farbzusammenstellungen achtet. »Nun gut, ich kam nicht zu Vermeer«, lächelt Nefissa, aber so ähnlich sei es doch gewesen: »Ich kam zu Daniele.« Daniele Parasecolo führt eine Ladenwerkstatt für Holzintarsien in Todi. Ihm habe sie eine Arbeit gezeigt, die sie zu Hause für sich gemacht hatte. »Er meinte, ich könne das wohl lernen.« Vor drei Jahren fing sie bei ihm an.

Kostbare Holzarbeiten haben Tradition in Todi, so das Chorgestühl aus dem 16. Jahrhundert in der Kirche San Fortunato. »Aber im Dom erst!«, begeistert sich Nefissa. Dort umfasst der Chor 22 Paneele mit Intarsienarbeiten, begonnen am 3. Juni 1521. »Da darf doch eine Intarsienwerkstatt in Todi nicht fehlen«, findet sie.

Am Anfang seien ihr Fehler passiert, einmal habe sie eine Arbeit seitenverkehrt gemacht, was den Lichteinfall betrifft, »da war Daniele ganz schön sauer«. Langwierig sei die Arbeit, das wohl, sagt sie und zeigt am großen Schneidetisch, wie aus den dünnen Furnieren mit scharfem Messer die Formen ausgeschnitten und zusammengefügt werden. Man brauche Geduld. »Aber auch wenn jemand von Natur aus nicht der Geduldigste ist ... sogar Daniele kann, wenn er hier am Tisch steht, einen ganzen Tag an einer Arbeit verbringen ohne Aufregung.« An großen Stücken, wie der Schlacht um Rom nach einem Gemälde von Paolo Uccello, die lange schon auf dem Schneidetisch liegt, arbeiten beide wochenlang, unter hundert Euro gibt es hier im Laden nichts.

»Ich liebe es, das Holz zu lesen: Wie müssen die Fasern laufen, welche Farbe, also welches Holz passt?«, sagt Nefissa. Es gebe immer nur genau ein passendes Holz. Ihr Liebling: Zypresse, »ihren wunderbar warmen Gelbton mag ich sehr«.

Perfekte Proportionen: In Todi liegt das Idealbild einer italienischen Piazza zu Füßen der Kathedrale aus dem 11. Jahrhundert

SPOLETO: MASSARBEIT AUS HOLZ, GOLD – ODER DIAMANTEN

Auch Leonardo Scaramucci aus Spoleto arbeitet mit Holz, allerdings mischt sich in seine Begeisterung eine leichte Frustration. »Vergangene Woche bin ich zum ersten Mal in dieses schwedische Möbelhaus gefahren, das erste Mal in meinem Leben«, erzählt der Mittdreißiger und fährt behutsam mit der Hand über eine frisch renovierte Kommode aus glänzendem Nussholz. Die steht in seiner Werkstatt, in einem mittelalterlichen Gewölbe in Spoleto. Die Schweden seien natürlich toll für junge Leute, die wenig Geld haben und sich einrichten wollen. »Aber für mich, für unseren Beruf, ist es eine Katastrophe.« Wenn man diese Preise sehe, verstehe man, warum niemand mehr Möbel anfertigen lasse,

HINKOMMEN

Von Todi auf der N3 bis bis Acquasparta, von dort nach Osten auf der landschaftlich schönen S418 nach Spoleto (20 km)

»das ist ja überhaupt nicht zu bezahlen«. An der Wand seiner Werkstatt hängen geschwungene Schablonen, ist das für Violinen und Celli? Leonardo Scaramucci lacht, »nein, aber das fragen viele, die einen Blick hier herein werfen«. Er ist kein Geigenbauer, sondern Möbelrestaurateur – und die schwungvollen Formen sind Vorlagen für Tischbeine, Spiegelrahmen, Holzschränke.

Spoleto ist eine dieser typischen umbrischen Kleinstädte, die auf Hügeln wie Hühner auf ihren Eiern hocken, unangreifbar und in sich ruhend. Scaramucci wohnt in einem Turm, dessen Mauern dicker sind als die Spannweite seiner Arme. Er ist ein unkomplizierter Typ, er fasse gerne Holz an, sagt er, so habe das angefangen mit seinem Beruf. Viel zu tun habe er nicht, leider, und so erzählt er gerne vom dicken Turm, läuft hinein, holt einen Bilderrahmen ohne Glas heraus, darin hängen goldene Schmuckstücke, wundersam geschlungen. »Etruskischer Schmuck«, erzählt er lapidar, den hat er beim Graben auf seinem Grundstück gefunden. Natürlich hat er die »Belle Arti« angerufen. Scaramucci ist einer, der so was macht. Der Altertümer nicht weiterverkauft, sondern dem Institut für Denkmalschutz den Fund meldet. Solches Zeug werde überall gefunden, wurde ihm gesagt, er konnte es behalten, hat es gerahmt und aufgehängt. Und im Boden vor seinem Turm hat er Amphoren ausgegraben. »Nichts anfassen«, sagte diesmal die »Sovrintendenza alle Belle Arti«. Doch dann haben sie alles wochenlang im Regen liegen lassen, Scaramucci hat irgendwann alle Tonwaren in den Turm geholt. Es habe nie mehr jemand danach gefragt. Wen wundere es da, sagt Leonardo Scaramucci, dass auch nicht mehr viele ihre alten Möbel restaurieren lassen, sondern sich etwas billiges Neues kaufen.

Beim Graben im Garten antike Amphoren finden – nichts Besonderes in Spoleto

Etwas weiter den Corso Garibaldi hinunter steht Enrico Morbidoni in einer Bar und trinkt den dritten

Herr der Ringe: Enrico Morbidoni und einige seiner Schmuckstücke. In Spoleto gibt es eine der wenigen Kunstschulen, in denen Goldschmieden ein eigenes Fach ist

Espresso dieses Morgens; man würde ihn nicht für einen Juwelier und Goldschmied halten. Er trägt, was selten ist für einen wohlhabenden Mann in Italien, kein Goldkettchen, tatsächlich trägt er keinerlei Schmuck. Und auch keinen Anzug aus edlem Tuch, sondern legere Klamotten, so der Marlboro-Typ.

»Schmuck?« Morbidoni schüttelt den Kopf; für ihn persönlich sei das nichts. Dabei fertigt er seit über 20 Jahren in seiner Werkstatt Spoleto Gioielli Kostbarkeiten. Er und seine acht Angestellten verarbeiten unglaublich große oder auch unglaublich reine Edelsteine zu exklusiven Schmuckstücken. Nicht eines davon sieht handgemacht aus, Morbidonis Kollektion ist kein Kunsthandwerk, sondern Goldschmiedekunst.

Dafür gibt es eine alte Tradition in Spoleto und bis heute eine der wenigen Kunstschulen, in der Goldschmieden sogar als eigenständiges Fach unterrichtet wird. Alle Mitarbeiterinnen Morbidonis haben diese Schule abgeschlossen. Besonders stolz ist der Goldschmied auf seine Kollektion mit dem Namen »Mutazioni« – Ringe und Broschen, die sich verändern lassen. »Plejaden« heißt so ein Ring, bei dem der Mittelstein ausgewechselt werden kann. »Orion« ein anderer, mal trägt er einen Smaragd als Mittelstern, mal eine ganze Platte von Diamanten. Die aufwendigsten Teile gleichen jenen Geduldsspielen, bei denen man sehr viele Teile auseinanderbauen kann – aber bekommt man sie wieder zusammen? »Man bekommt eine Anleitung dazu«, versichert Enrico Morbidoni.

ADRESSEN

WO KUNST UND HANDWERK HAND IN HAND GEHEN

• Deruta Placens

Novella Nicolini und ihre Tochter bemalen Keramik mit zarten Mustern, wie sie in Deruta seit Jahrhunderten hergestellt wird. Es gibt zahlreiche Keramikfabriken in der Umgebung, entlang der Zufahrtsstraßen findet man fast nur deren Ware, in den Gassen des Ortes aber die traditionellen handbemalten Teller, Schüsseln und Objekte.

Via Umberto 1
06053 Deruta
Tel. 0039/0759724027
www.derutaplacens.com

• Keramikmuseum

1898 wurde das Museo Regionale della Ceramica in Deruta gegründet, um die Geschichte der Keramikproduktion in Umbrien zu dokumentieren. Untergebracht in einem ehemaligen Franziskanerkloster – sehenswert ist auch allein dieses Gebäude mit dem schönen Innenhof – in der Altstadt von Deruta, sind gut 6000 Exponate zu besichtigen, von antiken Majoliken bis zu industrieller Keramik aus dem 20. Jahrhundert. Anschaulich zeigt die Rekonstruktion einer alten Apotheke mit Regalwänden voller Majolikabehälter den alltäglichen Gebrauch von Keramik.

Largo San Francesco 1
06053 Deruta
Tel./Fax 0039/0759711000
www.museoceramicaderuta.it
Öffnungszeiten: Okt. bis März 10.30 bis 13 und 14.30 bis 17 Uhr, Di. geschl.; April bis Juni tgl. 10.30 bis 13 und 15 bis 18 Uhr; Juli bis September tgl. 10 bis 13 und 15 bis 19 Uhr

400 Jahre Geschichte und Geschichten aus Umbrien erzählt die Wandkeramik am Laden von Novella Nicolini. Sie ist eine Kopie – das Original hängt im Museum von Deruta

Traditionelle Leisten: Im Corso Garibaldi in Spoleto hat auch ein altmodischer Schuhmacher noch eine Nische gefunden

• Scala di Luce

Luciana Nenciolini kreiert Modeschmuck in ihrem winzigen Laden in Todi. Die handgefertigten Unikate sind mal modern, mal etruskische Repliken, aber immer preisgünstig.

Corso Cavour 35
06059 Todi
Tel. 0039/3381756971

• Daniele Parasecolo

Daniele Parasecolo und Nefissa Labidi fertigen aufwendige Holzintarsienarbeiten: Prunkstücke wie ein Wandbild, das dem Gemälde einer idealen Stadt nachempfunden ist, aber auch kleinere Arbeiten, die etwa geometrische Formeln von Leonardo da Vinci in Bilder umsetzen.

Via Santa Maria 1
06059 Todi
Tel. 0039/0758947238
www.woodinlaysitaly.com

• Il Telaio di Todi

In dem winzigen Laden wird Ware von »Tessuto Artistico Umbro Montefalco« verkauft, also feine Tischtücher, Servietten, Handtücher aus Leinen oder Leinen-Mischgewebe und Damastdecken mit traditionellen Mustern.

Piazza del Popolo 12
06059 Todi
Tel. 0039/0758945556

• Il Pozzo Antico

Dieser Laden nennt sich »La bottega degli Artigianati«– der Laden der Kunsthandwerker. Verkauft wird ausschließlich handgemachte Ware, neben Keramik aus Deruta auch Schönes aus Olivenholz von Arte Legno (www.artelegnospello.com), einer Holzwerkstatt aus Spello.

Piazza del Popolo 6
06059 Todi
Tel. 0039/0758942517

Bühne für die Kunst: Auf der Piazza del Duomo in Spoleto findet in jedem Sommer das Abschlusskonzert des hochkarätigen Spoleto Festival dei due Mondi statt

• **Legno Antico**
Ein aussterbendes Handwerk: Leonardo Scaramucci restauriert und tischlert auf Bestellung Möbel.
Via Porta Fuga 42
06049 Spoleto
Tel. 0039/074344373

• **Spoleto Gioielli**
Enrico Morbidoni und seine acht Angestellten entwerfen und fertigen in ihrer Werkstatt edlen Goldschmuck, in Serien und auch als Sonderanfertigungen. Besonders originell: die »mutazioni«, also Schmuckstücke, die sich verändern lassen.
Corso Garibaldi 59
06049 Spoleto
Tel. 0039/0743221678
www.spoletogioielli.it

• **Elena Patrizi**
Die junge Elena stellt aufwändige, handgezogene Kerzen mit eingeschnittenen Verzierungen her – eine üppig barocke Dekoration für jeden Leuchter.
Via dei Ducchi 14
06049 Spoleto
Tel. 0039/047344741

Goldig: Auf den Werkbänken bei Spoleto Gioielli liegen teuerste Edelsteine herum, aus denen individueller Schmuck entsteht

✶ EXTRATIPPS

Brunello Cucinelli: Kaschmir in Solomeo

Günstig ist nichts, was bei Cucinelli im eleganten Verkaufsraum ausliegt, das merkt man schon daran, dass es keine Preisschilder gibt. Die Verkäuferinnen holen Listen aus Schubladen, falls jemand mal fragt. Das kommt selten vor, denn wer zu Cucinelli kommt, kümmert sich meist nicht um den Preis, sondern kauft, was gefällt. In einem Nebenraum gibt es heruntergesetzte Ware, etwa kurzärmlige Pullöverchen

Weicher geht's nicht: feine Kaschmirpullover bei Brunello Cucinelli im mittelalterlichen Solomeo

aus sommerlich-leichtem Kaschmir für rund 200 Euro. Firmenchef Brunello Cucinelli wurde 1953 als Bauerssohn in der Nähe von Perugia geboren, er begann sein Handwerk in einer 40 Quadratmeter großen Bude. Heute hat er 320 Angestellte, und die meisten sitzen im mittelalterlichen Ortskern von Solomeo. Die Burg aus dem Jahr 1391 hat Cucinelli komplett restaurieren lassen, es gibt große Werkstätten, Lager, eine schmucke Kantine und natürlich den Laden für Spontankäuferinnen. Cucinelli hält nicht viel von der Anhäufung luxuriöser Güter. Er habe keine Jacht und kein Privatflugzeug, sagt er. Sein Luxus sei es gewesen, Solomeo zu kaufen und das kleine Dorf, aus dem seine Frau stammt, komplett zu renovieren. Wie Cucinelli ins große Geschäft einstieg, das ist eine echt italienische Geschichte: Der junge Brunello hatte nur ein Mini-Unternehmen, aber er fuhr zusammen mit ein paar Freunden (denen er auftrug, sich ordentlich anzuziehen) nach München zu einer renommierten Kaschmir-Messe. Immer wieder kamen die Freunde an seinen Stand, begutachteten die wenigen ausgestellten Pullover – und bestellten und bestellten. Die Umstehenden wurden aufmerksam auf diese offensichtlich in Italien so begehrte Ware. Und am Ende der Messe hatte Cucinelli 11 800 Kaschmirteile verkauft.

Piazza della Chiesa 6
06070 Solomeo
Tel. 0039/075529481
Fax 0039/0755294893
www.brunellocucinelli.it

HINKOMMEN

Solomeo kann auch schon von Arezzo aus besucht werden: Auf der SS71 über Castiglion Fiorentino zum Nordufer des Lago Trasimeno (35 km), auf der SS75bis Richtung Perugia bis Ausfahrt Corciano und Richtung Südwesten ca. 6 km nach Solomeo. Von hier aus weiter nach Deruta: zurück zur SS75 bis, an der Auffahrt Corciano Richtung Perugia. Nach ca. 12 km in Ponte San Giovanni auf die SS3bis nach Deruta (14 km)

Santuario Madonna del Bagno

Im Jahr 1657, so sagt es die Legende, fand ein Mann aus Casalina Deruta im Wald eine Tasse mit dem Bild der Muttergottes. Er stellte sie in einen Baum und betete. Als er nach Hause kam, war seine Frau von schwerer Krankheit genesen. Er ließ eine Keramik-Fliese zu Ehren der Heiligen Muttergottes anfertigen – und an der Stelle des Baumes entstand schließlich eine Wallfahrtskirche. Dort sind heute über 700 solcher Votivtafeln zu sehen, Bilder, die für den himmlischen Beistand bei einem Unglück oder einer Krankheit danken. Und das Ungewöhnliche: Es sind alles Keramikarbeiten, die meisten angefertigt in Deruta.

06051 Casalina Deruta
Tel./Fax 0039/075973455
www.madonnadelbagno.it
vormittags und am Spätnachmittag geöffnet

HINKOMMEN

Von Deruta auf der SS3 nach Süden, etwa drei Kilometer nach Casalina Deruta den Schildern »Santuario Madonna del Bagno« folgen.

Dem Himmel sei Dank: 700 Votivtafeln, die meisten aus Deruta-Keramik, hängen in der Wallfahrtskirche

ÜBERNACHTEN

• Crispolti Holiday House

Für ein Low-Budget-Haus ist dieses Hotel in einem alten Augustinerkloster aus dem 14. Jahrhundert in Todi erstaunlich niveauvoll und großzügig. Es gibt schlichte Jugendherbergs-Schlafräume mit bis zu acht Betten, aber auch Doppelzimmer mit neuen Bädern, einen hübschen Innenhof und von der Dachterrasse einen weiten Blick über die Stadt und das Tal des Tibers. **€**

Via di Santa Prassede 36
06059 Todi
Tel. 0039/0758944827
Fax 0039/0758945477
www.crispoltiholidayhouse.com

• Residenza d'Epoca San Lorenzo

Der Palast aus dem 17. Jahrhundert in Todi gehört der Familie von Marzia Morena in siebter Generation. Sie führt ihr Bed & Breakfast mit großer Liebe, der Blick aus den Fenstern ist spektakulär, die Möbel sind alt, die Bäder neu, und das Frühstück ist üppig. Einige Zimmer haben nur ein externes Bad. **€€**

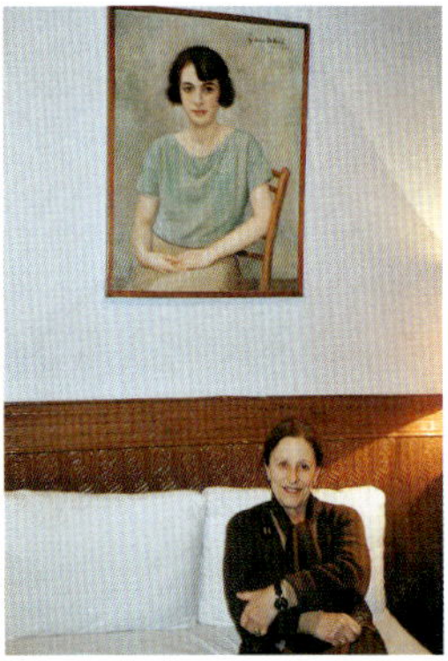

Familiengeschichte: Die Großmutter auf dem Gemälde war kämpferische Kommunistin, Marzia Morena ist reizende Bed & Breakfast-Wirtin in Todi

Via San Lorenzo 3
06059 Todi
Tel./Fax 0039/0758944555
www.todi.net/lorenzo/

• Vecchio Molino

Am Flüsschen Clitunno (etwa 30 Kilometer nördlich von Spoleto, unweit der N3) liegt eine Mühle aus dem 15. Jahr-hundert, sehr romantisch renoviert, jedes Zimmer sieht etwas anders aus. In dem weitläufigen Garten steht ein Kirchlein aus dem 4. Jahrhundert in Form eines kleinen Tempels. Generationen von Dichtern, von Vergil bis Carducci, ließen sich von diesem Schmuckstück von Landhaus inspirieren. **€€**

Residenza d'Epoca
Via del Tempio 34
06042 Campello sul Clitunno
Tel. 0039/0743521122
Fax 0039/0743275097
www.vecchio-molino.it

• Hotel Clitunno

Das villenähnliche Hotel im historischen Zentrum von Spoleto wurde 2002 rundum modern renoviert, einige alte Möbelstücke blieben erhalten. **€€**

Piazza Sordini 6
06049 Spoleto
Tel. 0039/0743223340
Fax 0039/0743222663
www.hotelclitunno.com

ESSEN & TRINKEN

• Taverna del Gusto

Beliebtes Lokal in einem Gewölbekeller in Deruta, hinter dem Keramikmuseum. Die hausgemachten Nudeln probieren!

Via Matrogiorgio 5
06053 Deruta
Tel. 0039/0759724120
Mi. geschlossen, Juni bis Sept. tgl. geöffnet

• Ristorante Umbria

Etwas versteckt in Todi hinter dem Rathaus (unter dem Torbogen hindurchgehen). Im Sommer sitzen die Gäste bei weitem Blick über die umbrischen Hügel auf der Terrasse. Wenn es kühler ist, im heimeligen Gastraum mit Kamin.

Via San Bonaventura 13
06059 Todi
Tel./Fax 0039/0758942737

Regen in Todi? Kein Problem: Im alten Saal des Ristorante Umbria gibt's auch einen Kamin

• La Cantinella del Sole

Arianna und Arturo Sommella stammen aus Neapel, gekocht wird süditalienisch, etwa Fisch Acqua pazza in einem Sud mit kleinen Tomaten oder Spaghetti Vongole.

Via San Lorenzo 1
06059 Todi
Tel. 0039/0758943659

• Sportellino

Rustikales Lokal im Zentrum von Spoleto. Gute, typisch umbrische Gerichte wie »Stringozzi«, eine Pasta-Art, mit Trüffel, oder Innereien vom Lamm.

Via Cerquiglia 4
06049 Spoleto
Tel. 0039/074345230
Do. und im August geschlossen

Gartenträume: Die Villa Lante mit ihren perfekt angelegten Brunnen und Kaskaden und der Park der Monster, ein verwunschenes grünes Reich *(rechts)*

Montegabbione • Bomarzo • Bagnaia

Gärten zwischen Poesie und Wahnsinn

Streng geometrisch oder fantasievoll und wild, 50 oder 500 Jahre alt – diese Gartenanlagen erzählen faszinierende Geschichten

Antike Sommerfrische: Die Hadriansvilla aus dem 2. Jahrhundert. Der Kaiser ließ auf dem riesigen Gelände Gebäude und Landschaften bauen, die er auf Reisen gesehen hatte

Im Hochsommer scheint Rom wie entvölkert, die Städter entfliehen der Hitze. Heute fahren sie dafür ans Meer, früher aber, seit der Zeit der Antike, flüchtete man auf die grünen Hügel des Latium, baute sich dort Villen und legte Parks an. So ließ sich Kaiser Hadrian die Villa Adriana errichten. Die Anlage war zwölf römische Meilen lang, das entspricht 18 Kilometern, sie bestand aus Hügeln und Tälern, Wasserfällen, Grotten, Wäldern. Der Dichter Horaz bekam so etwas sogar geschenkt: Gaius Maecenas, 70 vor Christus in Arezzo geboren, war ein Förderer der Künste (seither werden spendable Kunstfreunde nach ihm Mäzene genannt) und übereignete dem Dichter ein Grundstück nahe Tivoli.

1499 geschah etwas Aufsehenerregendes. So jung die Kunst des Buchdrucks noch war – Gutenberg hatte vor gerade einem halben Jahrhundert seine erste Bibel gedruckt –, erschien nun in Italien ein merkwürdiges Buch, das bis heute nicht richtig entschlüsselt ist (es gibt einen historischen Krimi darüber, spannend zu lesen, er heißt »Das letzte Geheimnis«). Das Buch trug den auch für Zeitgenossen sperrigen Titel »Hypnerotomachia Poliphili«, was etwa »Poliphilos Traumerzählung vom Kampf für seine Liebe« heißt. Bezaubernde Holzschnitt-Illustrationen zeigen einen: Garten. Die Geschichte rankt sich um zwei Liebende, geschrieben in Italienisch und Latein mit Passagen in Hebräisch, Arabisch, Griechisch, es gibt Hieroglyphen, mathematische Ausführungen und allerlei intellektuelle Seitenstränge. Vor allem aber gilt das Buch als Schlüsselroman neuzeitlicher Gartenkunst. Die imaginäre Liebesinsel Kythera wird zu einem Symbol für Natur- und Liebessehnsucht. Nebenbei erzählt das Buch viel von den humanistischen Idealen der Renaissance, als Autor gilt (nicht unumstritten) der Dominikanermönch Francesco Colonna, andere vermuten, Leon Battista Alberti habe es geschrieben,

Horaz bekam seinen Garten geschenkt. Von Gaius Maecenas, dem ersten Mäzen

wir erinnern uns: Think big - »Die Menschen können von sich aus alles, sobald sie wollen«. Das konnte auch auf die Gartenkunst umgemünzt werden.

Und so versuchten viele, ihren Park so anzulegen, wie er in dem Liebesgarten auf Kythera ausgesehen haben mag. Nun standen auch nie gesehene Pflanzen zur Verfügung: Schiffe brachten aus dem neu entdeckten Amerika eine unglaubliche Blütenvielfalt nach Europa, so wuchsen – zunächst nur an Fürstenhöfen – Bougainvilleen aus Brasilien, Engelstrompeten aus Südamerika, Fuchsien aus Honduras. Aus Südafrika gelangten Pelargonien zu uns, und aus Asien brachten Pflanzenräuber Samen von Granatapfelbäumen und Lotusblumen.

Theater, Türme, Treppen: Ein Architekt aus Mailand legte vor rund 50 Jahren den Garten La Scarzuola auf dem Gelände eines verfallenen Klosters an

Nein, in La Scarzuola liegt nicht der Hund begraben. Franz von Assisi soll sich hier eine Hütte gebaut haben, um allem Weltlichen zu entsagen

VERWORRENE AUTOBIOGRAFIE IN STEIN: LA SCARZUOLA

Die Liebe zum Garten hat in Italien ganz unterschiedliche Blüten getrieben. Auf unserer letzten Etappe vor Rom sehen wir dafür drei Beispiele. Der erste Garten, noch in Umbrien gelegen, ist der jüngste, gerade ein halbes Jahrhundert alt, ein versponnener Architekturtraum. Der zweite zeigt uns Monster und Gruselwesen inmitten üppigen Grüns, während der dritte in geometrischer Ruhe mit Wasserspielen lockt.

Wir stehen im Rasenhof vor einem halb verfallenen Kloster, lassen uns die Sonne ins Gesicht scheinen und warten darauf, dass die Führung beginnt. Die Gartenanlage La Scarzuola liegt versteckt im Wald in der Nähe von Montegabbione. Ohne Führung kommt man nicht hinein. Der Schlüsselverwalter scheint ein nervöser Typ zu sein, aber sonst fällt uns zunächst nichts auf. Marco legt los, rast durch die Geschichte der Gartenkunst, springt vom Traum des Poliphilo zu modernen Parks, spricht von Renaissance-Gärten, der idealen Stadt in der Theorie und in der Praxis, erzählt von Vergil. Und von den Anfängen dieses Klosters: 1218 soll hier der Heilige Franziskus eine Hütte gebaut haben, um sich zurückzuziehen von der Welt. In der Klosterkirche weist Marco auf ein Fresko, das er selbst – er ist Kunsthistoriker – unter Schichten von Farbe gefunden hatte. Das Fresko zeigt die Wundmale des Heiligen, die er beim Beten auf einem einsamen Hügel bekommen haben soll.

Hinter dem Kloster beginnt der eigentliche Architekturgarten. Der Mailänder Tommaso Buzzi, geboren 1900 und ein entfernter Verwandter des seltsamen Fremdenführers, kaufte 1956 das verfallene Kloster. Bis dahin war Buzzi ein renommierter Architekt gewesen, arbeitete auch als Designer für Glaskunst, baute italienische Botschaften in Asien. Hier aber, auf dem Gelände des Franziskus-Klosters, wollte er seine Visi-

HINKOMMEN

Von Spoleto auf der landschaftlich schönen SS418 nach Acquasparta (20 km), weiter ca. 18 km auf der SS3 bis Abfahrt Todi-Nord. Auf der SS397 bis Marsciano (16 km), weiter ca. 25 km Richtung Westen auf der kurvenreichen SS317 über San Venanzo und Pornello nach Montegiove, einer Teilgemeinde von Montegabbione

on einer idealen Stadt errichten, wenn auch in kleinem Format. Seine »Autobiografie in Stein« nannte Buzzi dies. Wenn das so ist, muss Buzzi ein verworrenes Leben gehabt haben. In dem nicht besonders großen Gartengelände steht eine Abfolge von eigenartigen Gebäuden, gegliedert in sieben sogenannte Theater. Auf das »Theater des Bienenstocks« folgt das »Theater des Turms«, eines ist dem Wasser gewidmet, ein anderes dem »unendlichen Hof«. Es gibt Tempel, den Turm zu Babel, die »Treppe der sieben Oktaven«. Die Mauern sind mit geheimnisvollen Zeichen und Symbolen geschmückt, die nicht entzifferbar sind, und so ist es auch gemeint. Buzzi hat sich eine Fantasiewelt gebaut, an mancher Stelle fühlt man sich fast wie in einem Albtraum, von Dalí geträumt; Neomanierismus nennt sich dieser Stil. Doch an anderen Ecken entfaltet sich der Reiz dieser wirren Traumgebilde, es sieht aus wie auf Bali oder Java, goldene Ornamente schmücken die Mauern, und Tuffsteingötter blicken in die umbrische Landschaft.

Traum oder Albtraum? Umbrien oder Bali? La Scarzuola gibt Rätsel auf

RIESEN, ELEFANTEN, SCHILDKRÖTEN: DER PARK DER MONSTER

Was sich der Mailänder Architekt Buzzi mit La Scarzuola etwa vorgestellt hatte, lässt sich nicht weit davon in einem 400 Jahre älteren Garten im Latium bis heute sehen. Ab 1552 entstand im Auftrag des Adligen Vicino Orsini der Park von Bomarzo. Wir sind an einem nebligen Montag gekommen, das ist doppeltes Glück – denn an schönen Wochenenden bevölkern italienische Bustouristen und Familien den »Sacro Bosco«, den Heiligen Wald, auch »Parco dei Mostri«, Park der Monster, genannt. Und im Nebel zeigt der Park erst sein wahres, mystisches Gesicht.

HINKOMMEN

Von Montegabbione 5 km nach Westen zur SS71 und ca. 40 km bis Orvieto. Dort auf die A1 Richtung Rom bis zur Ausfahrt Attigliano, weitere 7 km bis Bomarzo Schnellere Alternative: statt auf die SS71 noch 2 km weiter bis zur A1, auf dieser Richtung Rom (ca. 50 km).

Monster und Fabelwesen, erotische Figuren und gruselig Verrenkte tauchen aus dem Grün der alten Bäume auf. Da reißt ein Riese einen Gegner auseinander, dort hockt eine Riesenschildkröte. Ein Elefant trägt einen Turm auf dem Rücken, ein Haus mit schiefen Ebenen lässt die Eintretenden schwanken, über einer Treppe öffnet sich ein düsteres Riesenmaul. Moos bedeckt die grotesken Skulpturen dieses Fantasiegartens. Auch wer Italienisch versteht, wird durch die Inschriften nicht viel schlauer, sie sind kryptisch und sollen wie die Figuren die Sinne verwirren. Eine empfiehlt, mit »gehobenen Augenbrauen und versiegelten Lippen« durch diesen Ort zu gehen. Viel wird spekuliert, was der stadtmüde Adlige mit diesem Park ausdrücken wollte. Orsini war Literaturliebhaber. Als schlüssigste Deutung gilt, er habe hier Werke seiner Lieblingsautoren zu Stein werden las-

Sagenhafte Figuren stehen im Park der Monster: wie Pegasus, das geflügelte Pferd aus dem »Rasenden Roland«, das mit seinen Adlerschwingen bis zum Mond fliegen konnte

Einladendes Riesenmaul: »L'Orco«, der Riese, das Scheusal im Park der Monster. Doch in seiner Mundhöhle befindet sich ein Tisch, an den man sich setzen kann

sen, vorrangig den »Rasenden Roland« von Ariost; ein sehr personenreiches Versepos mit Zauberinnen und Fabeltieren wie Orks, einer chinesischen Prinzessin sowie diversen Rittern und Königen. Der Park der Monster wurde jedoch recht bald verlassen und vergessen. Erst 1954, also zur Zeit der Entstehung von La Scarzuola, kaufte ihn die Familie Bettini, die die verwunschene, bizarre Anlage bis heute betreibt.

Die Geräuschkulisse in der Villa Lante: Plätschern, Sprudeln – und das Gezwitscher der Vögel in den großen alten Bäumen

WASSERSPIELE IN PERFEKTER HARMONIE: VILLA LANTE

Nach so viel Fantasmorgie sehnt sich das Auge nach Erholung; im nahen Bagnaia finden wir sie. Dort baute sich im 16. Jahrhundert Kardinal Giovanni Francesco Gambara ein Schlösschen mit Park. Während sich Orsini zu ungefähr der gleichen Zeit mit seinem Monster-Garten gegen die vernunftbetonte Weltauffassung seiner Zeit gestellt hatte, fügten sich der Kardinal und sein Architekt Giacomo Barozzi da Vignola ganz in sie ein.

In der Villa Lante ist das Wasser das Hauptelement. Am obersten Ende entspringt ein Rinnsal, das durch das natürliche Gefälle der Anlage in alle Ebenen geleitet wird. Da plätschert der »Brunnen der Delfine«, ein anderes Wasserspiel heißt »Brunnen der Kette«, über flache Stufen fließt es wie im Walzertakt weiter hinab zum »Brunnen der Riesen«, bewacht von zwei überdimensionalen Figuren, die die Flüsse Tiber und Arno darstellen – Sinnbild für die Freundschaft der römischen Päpste und der Florentiner Medici. Auf allen Terrassen grünt es üppig, riesige alte Platanen und Magnolien, importiert aus Ostasien, spenden Schatten. Der Abschluss, die unterste Ebene, strahlt perfekte Ruhe und Harmonie aus. Im geometrisch gestalteten italienischen Garten umgarnen labyrinthische niedrige Buchsbaumhecken eine großflächige, viergeteilte Brunnenanlage.

HINKOMMEN

Von Bomarzo 3 km nach Süden auf der SP20 nach Casalone, unter der Schnellstraße SS204 hindurch und weiter auf der SP61 bis Soriano (6 km). An der Bahnlinie entlang auf der SP31 Richtung Viterbo und Bagnaia (11 km)

Quadratisch, symmetrisch und praktisch: Auf den Brunnenrändern in der Villa Lante konnten die Kardinäle picknicken

So konnte Hannibal die römischen Legionen besiegen: mit Elefanten, die Türme trugen. In Stein ist einer in Bomarzo verewigt

Von einer Terrasse blickt eine italienische Familie auf dieses Idyll, die kleine Tochter fragt ihre Mama: »Warum habe wir zu Hause keinen so schönen Brunnen?« Da müsse sie mal ihren Onkel fragen, sagt die Mutter. Nur der habe so viel Geld und einen so großen Garten wie ein Kardinal, um einen richtigen Brunnen bauen zu können. Vielleicht sollte sich das kunstsinnige Kind einen Mäzen suchen.

ADRESSEN

GÄRTEN DER FANTASIE

• La Scarzuola

Verschrobene, neomanieristische Gartenanlage, ab 1956 vom Mailänder Architekt Tommaso Buzzi gebaut. Hübsch im Wald gelegen, auf dem Gelände eines Franziskaner-Klosters aus dem 13. Jahrhundert. Besichtigung nur nach Voranmeldung.

Località Scarzuola
05010 Montegabbione
Tel./Fax 0039/0763837463

Neomanieristische Fantasien eines eigenwilligen Architekten: der Garten La Scarzuola

• Parco dei Mostri

Bizarre Fantasiegestalten bevölkern diesen Garten aus dem 16. Jahrhundert. Moosbewachsene Riesen, skurrile Monster, üppige Frauenfiguren und seltsame Tierwesen stehen unter alten Bäumen, am Wochenende ist der Park meist überlaufen mit Ausflüglern. Picknick-Tipp: Gleich nach dem Eingang ist ein Kiosk mit Snacks, und danach eine Picknick-Anlage mit Tischen und Bänken.

Loc. Giardino
01020 Bomarzo
Tel./Fax 0039/0761924029
Öffnungszeiten: tgl. 8.30 Uhr bis Sonnenuntergang

Harmonie aus Stein und Wasser, Kultur und Natur: der Pegasusbrunnen am Eingang der Villa Lante

• Villa Lante

In dieser kleinen Parkanlage aus dem 16. Jahrhundert ist Wasser das bestimmende Element, es rauscht und plätschert von einem Brunnen zum nächsten, von einer Hangterrasse zur anderen. Um die Villa herum gibt es zudem einen großen öffentlichen Park, der keinen Eintritt kostet. Hier machen italienische Familien gern Picknick, am besten also auch in einem Lebensmittelgeschäft Panini und Salami kaufen und mitbringen.

Via Jacopo Barozzi 71
01031 Bagnaia
Tel. 0039/0761288008
Öffnungszeiten: tgl. außer Mo. 9 Uhr bis Sonnenuntergang

• Hadriansvilla

Die Villa Adriana bei Tivoli, etwa 30 Kilometer östlich von Rom, liegt auf einem Plateau zu Füßen der Berge. Kaiser Hadrian ließ sie zwischen 118 und 133 anlegen. In der Nähe befanden sich die schwefelhaltigen Heilquellen der Acqua Albule, die heute noch in den Thermenbädern von Tivoli genutzt werden. Heute sind 40 Hektar zugänglich. Die Anlage war Sommerresidenz und Alterssitz des Kaisers, in den Grünflächen ließ er Gebäude nachbauen, die er auf seinen Reisen in Griechenland und Ägypten gesehen hatte.

Via di Villa Adriana
00019 Tivoli
Tel. 0039/0774382733
www.villa-adriana.net
Öffnungszeiten: 9 Uhr bis 90 Minuten vor Sonnenuntergang

• Il Giardino dei Tarocchi

Die französische Künstlerin Niki de Saint Phalle begann 1978, diesen Skulpturengarten ca. 60 Kilometer südlich von Grosseto zu gestalten. Bis zu ihrem Tod 2002 hat sie die Anlage immer weiterentwickelt. Und natürlich ist der Garten mit ihren typischen riesigen Frauenskulpturen und mit begehbaren Figuren in Anlehnung an Tarotkarten bevölkert.

Pescia Fiorentina
58100 Capalbio
Tel. 0039/0564895122
Fax 0039/0564895700
Öffnungszeiten: Anfang April bis Anfang Oktober
14.30 bis 19.30 Uhr, So. und Feiertags geschl.

• Il Giardino di Daniel Spoerri

Der Schweizer Künstler schuf in den 90er-Jahren diesen Park, ca. 50 Kilometer nordöstlich von Grosseto in der südlichen Toskana. Auf dem 16 Hektar großen Anwesen führen schöne Wege zu rund 90 Skulpturen von 42 Künstlern – vom Gras-Sofa Spoerris bis zu Goethes »Stein des Guten Glücks«, einer Replik des Modells in Goethes Garten in Weimar. Zum Garten gehören ein Café, ein Restaurant und Wohnungen, die tageweise gemietet werden können.
58038 Seggiano (GR)
Tel. 0039/0564950805
Fax 0039/0564950553
www.danielspoerri.org
Öffnungszeiten: April bis Oktober tgl. außer Mo.,
Juli bis 15. September tgl. 11 bis 20 Uhr

ÜBERNACHTEN

• Locanda La Civetta

Der Bio-Hof mit Restaurant und fünf Gästezimmern liegt fünf Kilometer hinter dem Park der Monster (gut ausgeschildert, auf kleinen Sträßchen durch den Wald). Am schönsten ist der Blick von der Frühstücksterrasse, weit über ein Tal hinweg zu einem entfernt aufragenden steilen Berg mit eigenartigen Löchern – etruskischen Gräbern und Wohnhöhlen. Auf dem Anwesen wachsen Oliven, Nüsse, Trauben, Obst, es gibt Schweine, Schafe, Ziegen und Strauße (auch auf den Tellern). In den umliegenden Eichenwäldern kann man wunderbar wandern und biken. **€€**

»La Civetta« heißt Eule. Und der Hof heißt so, weil vor der Renovierung nur eine Eule in den alten Gemäuern wohnte

Frühstück mit hausgemachten Produkten und weitem Blick: die Terrasse von La Civetta

Loc. Catigliano
01020 Bomarzo
Tel. 0039/0761924069
www.locandalacivetta.com

• Hotel Nibbio

Direkt an der mittelalterlichen Stadtmauer von Viterbo. Innerhalb des bis heute völlig erhaltenen Mauerrings residierten im Hochmittelalter eine Zeitlang die Päpste. In die Stadt, von der aus alle drei Gärten gut zu erreichen sind, finden nur wenige Touristen, in den Altstadtgassen und der Fußgängerzone Corso Italia flanieren fast nur Einheimische. Das Hotel hat 30 großzügige bemessene Zimmer, gediegen und geschmackvoll möbliert. **€€**

Piazzale Gramsci 31
01100 Viterbo
Tel. 0039/0761326514
Fax 0039/0761321808
www.hotelnibbio.it

ESSEN & TRINKEN

• Il Colombaio

Dieser Agriturismo in der Nähe von La Scarzuola (etwa vier Kilometer im Wald weiter bergauf, ausgeschildert) ist ein beliebtes Sonntags-Ausflugsziel, hierher kommen Familien gern zum Essen, sowohl draußen auf der Terrasse im Grünen als auch drinnen unter Gewölben. Für Kinder gibt es außer einigen Tieren zum Begutachten wie Hühner, Pfauen, Ziegen und Schafe auch einen kleinen Spielplatz. Das Essen ist deftig, man kann auch übernachten und es gibt sogar einen Pool.

Via di Parrano
05010 Montegabbione
Tel./Fax 0039/0763838495
www.agriturismo.com/colombaio

Wo das mittelalterliche Viterbo ganz trendy wird: In den tiefen Polstern der Shu Lounge kann man nächtelang versinken

• Shu Lounge

Hippest place in Viterbo, eine coole Lounge, im Sommer stehen üppige weiße Polstermöbel im Freien, drinnen asiatisch angehaucht, wie die Küche auch.

Piazza delle Erbe
01100 Viterbo
Tel. 0039/0761306288

• Ristorante Tre Re

Schon seit 1622 gibt es in diesem Haus in Viterbo ein Restaurant. Die Innenausstattung ist nicht ganz so alt, wirkt aber fast germanisch mit dem dunklen Holz. Die Küche ist einfach, aber gut – etwa Fettuccine mit Steinpilzen.

Via Macel Gattesco 3
01100 Viterbo
Tel. 0039/0761304619
Do. geschlossen

Alle Wege führen hierher: Im Food-Imperium Gusto gibt es etliche Lokale, von der Weinbar bis zur Osteria. *Rechts:* Die Via Appia

Rom

Neue Küche, alte Steine

»Und wenn dieser Wunsch erfüllt ist, was soll ich mir nachher wünschen?«, schrieb Goethe, als seine italienische Reise ihn endlich ans Ziel brachte – Rom. Wie er tauchen wir ein ins Altertum und machen täglich eine Zeitreise: Abends geht es in die modernsten Lokale der Stadt

HINKOMMEN
Von Viterbo auf der SP1 Richtung Südosten über Ronciglione nach Monterosi (34 km), von dort auf der S2 30 km zum Autobahnring rund um Rom, dem Grande Raccordo Anulare (G.R.A.)

Seine italienische Reise machte den 37-jährigen Dichter ganz trunken vor Glück. In Italien fühlte sich Goethe »doch einmal in der Welt zu Hause und nicht wie geborgt oder im Exil«. Als er Ende Oktober 1786 endlich in der »Hauptstadt der Welt« angekommen war, befand er jedoch, es sei ein »saures und trauriges Geschäft, das alte Rom aus dem neuen herauszuklauben«. Weil jeder in Rom angesichts der Fülle des kulturellen Angebots kapitulieren muss, interessieren auch wir uns nur für die alten Steine. Lassen also den Petersdom und manch anderes links liegen und suchen nach den Spuren des Altertums, dem Beginn Roms. Da schon die dekadenten Römer dem Motto »panem et circenses« huldigten, fügen wir dem spielerischen Umherschlendern in der Historie die Küche der modernen italienischen Hauptstadt hinzu, wenngleich Brot dort eine untergeordnete Rolle spielt.

KOCHEN IM HIER UND JETZT: FILIPPO, DER WILDE SIZILIANER

Filippo La Mantias berühmtestes Foto ist keines, das man während eines Dinners anschauen möchte. Bevor der Sizilianer Koch wurde, arbeitete er als Fotograf, war den Verbrechen der Mafia auf den Fersen, »über 480 Mordopfer habe ich fotografiert«, erzählt der 46-Jährige. Und einmal war er schließlich zur rechten Zeit am falschen Ort: Auf dem Beifahrersitz eines Autos lag ein abgetrennter Kopf. Das Foto ging um die Welt. Eine großformatige Aufnahme Palermos in Filippos Schauküche ist das Einzige, was an seine Vergangenheit als Fotograf erinnert, auch wenn dieses Foto eine friedliche Straßenszene zeigt.

Filippo La Mantia hat schwarze Locken und kohlenschwarze Augen, er ist ein ungezwungener Typ, der aber sehr bestimmt und entschieden wird, wenn es ums

Essen geht. Bei Ausflügen mit Freunden, auf dem Boot oder in den Bergen, war er immer derjenige, der sich um das Essen kümmerte. »Und als Fotoreporter war ich in den ärmsten Ecken Siziliens unterwegs«, sagt er. Er habe oft mit den Menschen zusammen gegessen und sich immer gemerkt, wie das alles schmeckte. Das Essen, sagt La Mantia, sei bis heute in Sizilien ein Eckpunkt im Tag, im Leben; es sei auch »ein Vorwand, zusammenzusein, ein Moment, um die Probleme zu vergessen«.

Kochen wie La Mamma: »Ich ernähre meine Gäste wie eine Mutter«, sagt Filippo La Mantia in seiner Trattoria

Ein dickes altes Kochbuch steht auf dem Bord in Filippos Küche: »Profumi di sicilia«. Vor fünf Jahren fing er professionell als Koch an, mit sagenhaftem Erfolg. Sein edel designtes Restaurant nahe dem Pantheon nannte er schlicht Trattoria. Er habe immer so gekocht, wie er selbst essen möchte: »Leicht, keine Innereien, keine Zwiebeln, kein Knoblauch, keine Butter.« Denn in Sizilien wird, ungewöhnlich für Süditalien, viel mit Butter gekocht, seit reiche Familien im 18. Jahrhundert Köche aus Frankreich auf die Insel holten.

5800 Restaurants gibt es in Rom, bei La Mantia ist es immer voll – »also mache ich wohl etwas richtig«. Man muss vorbestellen, aber nicht Monate vorher, »ich bin ja nicht Heinz Beck«, grinst er. Der Freund und Kollege Beck, gebürtiger Bayer und mit drei Michelin-Sternen dekoriert, ist der wohl berühmteste Koch Roms. Bei Filippo La Mantia aber wurde auch schon Scarlett Johansson gesehen. Und wenn der Chef gerade nicht in seiner Schauküche herumwirbelt, kocht er mal wieder ein Galadiner für 800 Gäste zur Eröffnung eines Museums; oder für 200 Freunde von Gina Lollobrigida. Die meisten Köche seien so etwas wie Rockstars geworden, für ihn sei das nichts, versichert La Mantia. Er sei seinen Gästen dankbar, »sie vertrauen mir ja«. Er ernähre sie »wie eine Mutter, die ihrem Kind die Milch gibt. Das ist etwas Intimes, denn sie nehmen ja den Schatz meiner

Gerichte aus der Arme-Leute-Küche – für Gäste und für Gina Lollobrigida

Elegisches Rom: »Saget, Steine, mir an, oh sprecht, ihr hohen Paläste!«, klagte Goethe. Der Palatin war in der Antike ein Palastviertel, Romulus soll hier die Stadt gegründet haben

Erfahrungen, meiner Erinnerungen zu sich.« Er geht abends durchs Lokal, fragt das junge Paar, wie die Pasta geschmeckt hat, erkundigt sich am Nachbartisch nach dem Wein, fragt, ob noch ein Dolce gewünscht wird. Und verrät auch, wie er diese verteufelt leichte »Caponata« zubereitet – ein sizilianisches Arme-Leute-Gemüsegericht aus Auberginen und Tomaten mit Pinienkernen, Mandeln, Sultaninen, Kapern … Man koste nur einmal sein »Pesto d'agrumi«, aus Zitrusfrüchten komponiert, aber mild im Geschmack. Und lasse ihn dazu erzählen. Wenn Filippo La Mantia über das Kochen spricht, beginnen seine Augen zu leuchten, Essen wird zu Erotik. »Ich bin ein Wilder«, ruft er, »ein sizilianischer Wilder, ich lebe von Tag zu Tag!« Aber nun werde er zum ersten Mal Vater; jetzt werde er wohl anfangen, an die Zukunft zu denken.

PALATIN: ZEITREISE INS NOBELVIERTEL DER ANTIKE

Unsere antike Runde beginnt auf dem Palatin, einem der berühmten sieben Hügel Roms und heute vielleicht der schönste. Hier spaziert man unter mächtigen Pinien durch eine riesige Ausgrabungsanlage, erstaunlich wenig Menschen sind unterwegs, eine arkadische Idylle breitet sich aus. Im Grunde war das auf diesem Hügel schon immer so. Ab dem Ende des 2. Jahrhunderts vor Christus bauten sich hier die wohlhabenden Bürger ihre Paläste – das Wort stammt übrigens von »Palatin«. Alessandro geht in die Hocke, mitten auf dem Spazierweg auf dem Palatin, er sucht einen passenden Stock. Damit zeichnet er die Umrisse der antiken Stadt in den Schotter. »Hier war die Tiber-Niederung, das war Malariagebiet, da konnte man nicht siedeln, also boten sich die sieben Hügel an«. Natürlich kann Alessandro sie herunterbeten wie ein Lateinschüler: Kapitol, Palatin, Aventin, Caelius, Esquilin, Vinimal und Quirinal.

Das Herz der Stadt: Auf dem Forum Romanum stand ein großer Tempel zu Ehren des Saturn. Acht stattliche Säulen sind erhalten geblieben

Alessandro Canestrini ist ein junger Mann mit Dalí-Bärtchen, er stammt aus Südtirol und hat Kunstgeschichte studiert. In Rom gründete er mit anderen zusammen das Unternehmen RomaCulta, um Besuchern auf Kulturspaziergängen die Stadt nahezubringen. Wieder bückt sich Alessandro: »Aus diesen Mosaiksteinen wurden die gesamten Wege gefertigt.« Kindersklaven aus Gallien, Germanien, Afrika hauten Millionen dieser Steine zurecht, bauten an der Macht Roms mit. Unschlüssig halten wir das einen Kubikzentimeter große Steinchen in der Hand und wissen, wir müssen es brav wieder hinlegen. Anders als Goethe, der hier, »auf den Ruinen des Neronischen Palastes«, durch Artischockenfelder ging und gestand, er könne sich »nichtenthalten, die Taschen voll zu stecken von Granit, Porphyr und Marmortäfelchen, die zu Tausenden hier herumliegen und von der alten Herrlichkeit« zeugten.

Von den Straßen, die alle nach Rom führen und auch uns hierher brachten, war die Via Appia in der Antike eine der wichtigsten, sie führte im Südosten aus der Stadt heraus. An allen Souvenirständen der Stadt stecken Postkarten mit stimmungsvollen Fotos, sie zeigen die Via Appia im Gegenlicht, mit Wagenspuren im Straßenpflaster. Das hinterlässt den Eindruck, die Römer hätten sich so fortbewegt, auf diesen rumpelnden Straßen. Doch diese Spuren grub erst das Mittelalter in die Steine. Die Römer pflegten ihre Handels- und Heereswege, im Kriegsfall mussten sie schnell vorankommen. Hier oben auf dem Palatin spazieren wir auf ein paar Metern Straße, die fast noch im Originalzustand erhalten sind. Fast so glatt wie Asphalt fügt sich dicht an dicht ein Pflasterstein an den anderen. Perfekt eben, wie Rom in seiner Blütezeit.

Mit der Blüte Roms ging es ab dem 3. Jahrhundert zu Ende. Bürgerkriege, Invasionen germanischer Stämme und auch die Dekadenz der Führungsschicht führten zum Niedergang des Römischen Reiches. Offiziell beendet war seine Geschichte am 28. August 476, an diesem Tag setzte der germanische König Odoaker den jungen römischen Kaiser Romulus Augustus ab. Innerhalb von 250 Jahren ging die Einwohnerzahl von 1,3 Millionen auf etwa 30 000 zurück. Die Antike endete, das Mittelalter brach an.

Nach der Tour quer über den Monte Palatino, dieses prachtvolle Versailles der Antike, stehen wir an der Balustrade am nördlichen Ende. Weit schweift von hier der Blick übers Forum Romanum. Wochen würden nicht ausreichen, alles zu erfassen, was Rom zu erzählen hat. Goethe zählte »einen zweiten Geburtstag, eine wahre Wiedergeburt, von dem Tage, da ich Rom betrat«. Und blieb mehr als ein Jahr.

Mittelmeer-Sushi: Schon aus Tradition kommt im Riccioli Café kein Fleisch auf den Tisch

RICCIOLI CAFÉ: AUSTERN, SEEIGEL – UND NUR JA KEIN FLEISCH

Das Riccioli Café katapultiert uns zurück in die Gegenwart. Massimo Riccioli gehört zu den Großen der

Eleganz und Technik: Die Centrale Montemartini, 1912 gegründet, war das erste Elektrizitätswerk Roms; heute stehen rund 400 Marmorstatuen und -köpfe vor den gigantischen Motoren Marke Tosi

römischen Gastronomie. Vor 40 Jahren eröffnete sein Vater La Rosetta, das berühmteste Fischlokal der Stadt, der Sohn führt es weiter und mit dem Riccioli Café ein trendiges Lokal dazu. »Kein Stück Fleisch kam je bei uns über die Schwelle«, erzählt er. Diese Leidenschaft für den Fisch habe sein Vater ihm vererbt. Als der Mittvierziger Massimo das Lokal 1999 eröffnete, sollte es eines sein, das seines Erachtens in Rom gefehlt hatte: Eine »Fish-Bar«, in der man natürlich ausgezeichnet essen kann, aber eben nicht das große Menü. »Man kann auch einfach eine Flasche Wein trinken und drei Austern bestellen.« Außerdem gibt es in coolem Ambiente rohen Fisch mediterraner Art, Mittelmeer-Sushi sozusagen. »Italiener«, sagt Riccioli, »sind heute auch nicht mehr nur Mandoline und Pizza, wir sind moderner geworden.«

Riccioli hat kaum eine Minute Ruhe, immer grüßt er jemanden, ruft jemanden an, hat ein Kellner eine Frage an ihn. Auf Reisen in der ganzen Welt hat er sich Restaurants angesehen. Und ist überzeugt: Das perfekte Lokal gibt es nicht. Natürlich, wenn er in Frankreich in einem Michelin-Restaurant esse, da stimme alles, »das Essen ist fantastisch … aber ich würde den Fisch vielleicht doch anders zubereiten«. Ein Angestellter kommt herein, er trägt eine Kiste mit frischen Seeigeln, ihre schwarz glänzenden Stachel bewegen sich. In der nächsten Styroporkiste liegen Shrimps, sie zappeln noch. Riccioli greift sich einen, köpft ihn, schält ihn, beißt rein: »Die sind frisch«, sagt er trocken.

BROT UND SPIELE UND EINE GÖTTIN IM E-WERK

Der Ort schlechthin in Rom für »Brot und Spiele« war natürlich das Kolosseum, 80 nach Christus erbaut. Bei freiem Eintritt gab es Essen und Trinken auch noch kostenlos – und dazu die damals angesagten Be-

lustigungen: Vor 50 000 Zuschauern wurden in einer Vorstellung Tausende von Tiere niedergemetzelt, und nicht nur Tiere. Bei Gladiatorenkämpfen zwischen zum Tod verurteilten Verbrechern, Sklaven, Kriegsgefangenen und Freiwilligen starben mehrere Hunderttausend Männer. Das Leben im antiken Rom war wohl wirklich nur schön, wenn man auf dem Palatin wohnte. Heute ist das Kolosseum eines der meistbesuchten Denkmäler der Stadt, von den fünf Millionen Touristen jährlich lässt es kaum einer aus. Wir widerstehen der Versuchung, uns neben einem antik aufgetakelten Gladiator-Darsteller fotografieren zu lassen. Sondern schlendern weiter durch den Trubel der Stadt zum Campo de' Fiori. Die Legende geht, der Platz habe seinen Namen mitnichten von dem täglichen Markt, der hier abgehalten wird (und auf dem auch weit mehr Obst und Gemüse als Blumen verkauft werden), sondern von der Geliebten eines römischen Kaisers, die Flora hieß und aus diesem Viertel stammte.

Der schönste Platz Roms: früher ein Stadion, dann ein Ort für Wasserspiele

Auch für den Gang über die Piazza Navona finden wir immer mal wieder eine Ausrede. Zu harmonisch ist dieser Platz in seiner ovalen Form. Er gilt als Inbegriff des barocken Roms, und doch gehört er mit in unser Antiken-Programm – schließlich war er ursprünglich ein Stadion, von Kaiser Domitian erbaut. Im Barock wurde der Platz manchmal komplett geflutet, um heitere Wasserspiele aufzuführen. Brot und Spiele eben.

Gut 400 Statuen der römischen Antike haben an einem ganz besonderen Ort eine neue Heimat gefunden: im ehemaligen Elektrizitätswerk Centrale Montemartini. Das Museum in den Industriehallen wurde schon vor zehn Jahren eröffnet, doch kaum ein Rom-Besucher weiß davon. So haben wir Muße und viel Platz, umherzuschlendern – vom Torso eines Kriegers, vor einer riesigen Maschine postiert, zur Göttin Artemis, die resolut eine Hand in die Hüfte stemmt, und weiter zu einer ganzen Reihe von Büsten aus einer Forumsvilla. Dabei geschieht etwas Eigenartiges: Die massiven Marmorgestalten bekommen plötzlich eine Leichtigkeit. Vor den schwarzen, tonnenschweren Generatoren, Turbinen und all dem metallenen Gerät wirken die Figuren aus weißem Marmor filigran und zart.

Einfach elegant: In Filippo La Mantias La Trattoria gibt es veredelte sizilianische Küche in Designerambiente

ADRESSEN

ESSEN IM MODERNEN ROM

• Ristorante La Trattoria

Der einstige Fotograf Filippo La Mantia kocht in seinem schicken Lokal in der Nähe des Pantheons sizilianisch. Als Antipasti die Auberginen-Caponata? Danach Bucatini-Nudeln mit Sardinen und geröstetem Brot? Und dann also Meerbarbe mit Fenchel oder Steinbutt?

Via del Pozzo delle Cornacchie 25
00186 Rom
Tel. 0039/0668301427
www.filippolamantia.com
tgl. 12 bis 16 und 19.30 bis 23.30 Uhr;
Sa. mittags und So. geschlossen

Locker lokal: Nur Weine aus der Gegend um Rom gibt es im Palatium, einem Lokal der Region Latium

• Riccioli Cafe

Trendiges Fischlokal: Austern satt, Thunfisch-Carpaccio und Mittelmeer-Sushi; und wer auf dem Bummel vom Pantheon zur Piazza Navona eine Stärkung möchte: Mittags gibt es ein großes Salatbüfett.

Via delle Coppelle 13
00186 Rom
Tel. 0039/0668210313
www.ricciolicafe.com
tgl. 9 bis 1 Uhr, So. geschlossen

Michelangelo gestaltete die Piazza del Campidoglio auf dem Kapitol, dem kleinsten Hügel Roms. Rechts die Kapitolinischen Museen

• Palatium

Diese »Enoteca Regionale« ist ein Projekt der Region Latium, im Ausschank sind ausschließlich Weine von hier. Außerdem gibt es regionale Produkte, und die ausführliche Speisekarte erklärt etwa im Olivenöl-Menü genau jedes Detail. Die Einrichtung ist dunkelbraun-kubisch, das Lokal in einer Seitenstraße der Fußgängerzone Via del Corso.
Via Frattina 94
00187 Rom
Tel. 0039/0669202132
tagsüber geöffnet

• Café Café

Ein gemütlicher, entspannter Ort hinter dem Kolosseum: Tavernenstühle, gelb gewischte Wände, köstliche Kuchen.
Via dei SS Quatro 44
00184 Rom
tgl. 11 bis 1.30 Uhr

• Pizza Ciro

Eine riesige Pizzeria nahe der Spanischen Treppe, sehr ordentliche neapolitanische Pizze. Hier essen dicht an dicht Touristen und Römer in der Mittagspause.
Via delle Mercede 43/45
00187 Rom
Tel. 0039/066786015
tgl. 11 bis 2 Uhr

Eine Entdeckung: das hübsche Café Terrazza Caffarelli in einem Palazzo auf dem Kapitol

• Terrazza Caffarelli

Auf dem Kapitol und in den Foren gibt es keine Bar. Ein Geheimtipp von Stadtführer Alessandro: rechts an den Gebäuden auf dem Kapitol vorbei, eine kleine Straße hinauf, im Palazzo Nr. 4 im zweiten Stock. Ein Selbstbedienungscafé mit Terrasse und einem fantastischen Blick über halb Rom.
Piazzale Caffarelli 4
00186 Rom
tagsüber geöffnet

Ja nach »Gusto«: In allen Abteilungen des großen Lokals isst man sehr gut

• Gusto

Der moderne Bau vereint unter seinem Dach und Namen verschiedene Gastronomie-Konzepte: Weinbar, gehobenes Ristorante, Osteria und eine Fachbuchhandlung. Tipp in der Weinbar: Pasta Vongole.

Piazza Augusto Imperatore 9
00100 Rom
Tel. 0039/063226273
www.gusto.it
Weinbar täglich 10 bis 2 Uhr

EINTAUCHEN IN DIE ANTIKE

• Museo Nazionale Romano

Gegründet 1889, vereint es in etlichen Häusern eine archäologische Sammlung, die als eine der bedeutendsten weltweit gilt. Die Museen Massimo alle Terme, Palazzo Altemps, Terme di Diocleziano und Crypta Balbi (s. u.) können mit einem Drei-Tage-Pass besucht werden.

Kartenreservierung: Tel. 0039/0639967700
Öffnungszeiten der Museen: tgl. außer Mo. 9 bis 19.45 Uhr

Für Kardinal Mark Sittich von Hohenems wurde im Jahr 1585 der Palazzo Altemps gebaut; heute ist er ein Museum

• Palazzo Altemps

Sammlungen klassischer Kunstwerke, etwa die Sammlung Ludovisi mit über 100 Skulpturen wie Elektra und Orest, außerdem ein griechisches Original aus dem 5. Jahrhundert vor Christus, der »Ludovisische Thron«.

Piazza di Sant'Apollinare 44
00186 Rom

• Palazzo Massimo alle Terme

Skulpturen, Porträts und Reliefs aus der späten römischen Republik und der frühen Kaiserzeit. Spektakulär zwei Apollo-Statuen, zauberhaft die Fresken aus der Villa di Livia.

Largo di Villa Peretti 1
00184 Rom

Noch ein Ort für antike Schätze: der Palazzo Massimo alle Terme aus dem späten 19. Jahrhundert

• Terme di Diocleziano

Die Thermen des Diokletian, Ende des 3. Jahrhunderts gebaut, waren Roms größte Badeanstalt. Ein Teil wurde im 16. Jahrhundert in Kreuzgänge und Nebengebäude der Kirche Santa Maria degli angeli e dei Martini umgewandelt.

Via E. de Nicola 78
00186 Rom

• Crypta Balbi

Lusius Cornelius Balbus Minor diente unter Caesar und Augustus, war Prokonsul in der Provinz Africa und häufte Reichtümer an. Im Jahr 13 vor Christus ließ er sich auf dem Marsfeld ein Theater errichten. Der Komplex wurde im Lauf der Jahrhunderte mehrfach umgewandelt. Die Funde der Ausgrabungen der jüngsten Zeit sind im Museum dokumentiert, es zeigt die Entwicklung der Stadt und gibt einen guten Einblick in das Leben der Römer.

Via delle Botteghe Oscure 31
00186 Rom

• Centrale Montemartini

Ein hochinteressantes und viel zu unbekanntes Museum mit 400 Skulpturen der Kapitolinischen Museen – in einem ehemaligen Elektrizitätswerk, dem ersten der Stadt, das mit Dampfturbinen Strom erzeugte. Die Räume sind eine wunderbare Symbiose von Antike und historischer Industrie-Architektur. Etwas abseits gelegenen, mit der U-Bahn bis Piramide oder Garbatella.

Via Ostiense 106
00154 Rom
Tel. 0039/0682059127
www.centralemontemartini.org
Öffnungszeiten: tgl. außer Mo. 9 bis 19 Uhr

• Roma Culta

Die kleine Organisation bietet Kulturspaziergänge zu diversen Themen, etwa über den Palatin, zu Goethe in Rom oder zu den Mosaiken.

Tel. 0039/3387607470
Fax 0039/0623328533
www.romaculta.it

Der Dichter denkt und blickt auf die Via del Corso: Tischbein-Zeichnung in der Casa di Goethe

• Casa di Goethe

Hier bei dem Maler Tischbein, der das berühmte Bild des Dichters in der Campagna schuf, wohnte Johann Wolfgang von Goethe während seines Aufenthalts in Rom. Die ständige Ausstellung zeigt Bücher und Zeichnungen, von den Möbeln ist nichts geblieben. Der Terrakotta-Boden ist neu, wurde aber der Zeichnung von Tischbein, die Goethe am Fenster lehnend von hinten zeigt, nachgebildet. Wechselnde Ausstellungen.

Via del Corso 18
00186 Rom
Tel. 0039/0632650412
Fax 0039/0632650449
www.casadigoethe.it
Öffnungszeiten: tgl. außer Mo. 10 bis 18 Uhr

ÜBERNACHTEN

In Rom zu Hause: Wer im Romahouse wohnt, hat einen täglichen Markt direkt vor der Tür und fühlt sich wie eine echte Römerin

• Romahouse

Die junge Römerin Daniela de Majo und ihr österreichischer Mann vermieten hinter dem Vatikan mehrere Appartements, geräumig und gut ausgestattet. Das Beste ist der Markt direkt vor dem Haus: Wer selbst kochen möchte, findet eine reiche Auswahl an Fisch, Meeresfrüchten und Gemüse. **€€**

Via Gregorio VII 141
00165 Rom
Tel./Fax 0039/06632037
www.romahouse.com

• Hotel del Corso

Das Schönste ist die Dachterrasse, die Zimmer sind zum Teil mit alten Möbeln eingerichtet. Vor allem wohnt man hier nur wenige Schritte von dem Haus entfernt, in dem Goethe lebte und dessen Adresse er seinen Freunden so mitteilte: »Al Sigr. Tischbein, Pittore tedesco, al Corso, incontro del Palazzo Rondanini, Roma«. **€€€**

Via del Corso 79
00186 Rom
Tel. 0039/0636006233
Fax 0039/0632600034
www.hoteldelcorsoroma.com

• Hotel Alimandi

Familiäres Hotel mit reizender Frühstücksterrasse gleich bei den Vatikanischen Museen. **€€**

Via Tunisi 8
00192 Rom
Tel. 0039/0639723948
Fax 0039/0639723943
www.alimandi.it

Die Orte der Kulturroute durch Italien

(die kursiven Seitenangaben beziehen sich auf die jeweiligen Adressenteile)

Bildnachweis

Alle Fotos: Anika Büssemeier, außer:

Tom Krausz: S. 4 (Mitte), 47, 52, 62, 63, 70, 72, 73, 103
Jörg Reuther: S. 6
Christiane Kapaun: S. 8, 154
Manfred Jürgens: S. 9, 14, 15, 16, 17
Antonina Gern: S. 11, 13
Sandro Michahelles: S. 18, 19, 21, 22, 23, 24, 25, 172, 186 (oben)
Laif: S. 20
Vito Arcomano/Fototeca ENIT: S. 41
dpa: S. 45
Barbara Schaefer: S. 74, 114, 120, 140, 150, 151, 175, 179, 183 (unten), 184, 189
Grotta Giusti: S. 76, 79
AKG-Images: S. 101, 177, 181, 187
Bilderberg: S. 141, 173
Jupiter Images: S. 178
La Trattoria: S. 183 (oben)
Karl-Heinz Oster: S. 185
Getty images: S. 186 (unten)
Goethehaus Frankfurt: S. 188

Impressum

Umwelthinweis:
Dieses Buch wurde auf chlor- und säurefreiem Papier gedruckt.

BRIGITTE-Buch im Diana Verlag
Originalausgabe 05/2007

Konzeption und Text: Barbara Schaefer
Text Kapitel 1: Petra Reski
Redaktion: Claudia Münster
Artdirektion, Layout und Satz: Christiane Kapaun

Umschlaggestaltung: Eisele Grafik-Design, München
Kartografie: Astrid Fischer-Leitl, München
Herstellung: Gabriele Kutscha
Litho: PrePrint-Produktion Zoran Dietner, München
Druck und Bindung: RMO-Welte, München
Printed in Germany 2007
978-3-453-35182-0
http://www.diana-verlag.de